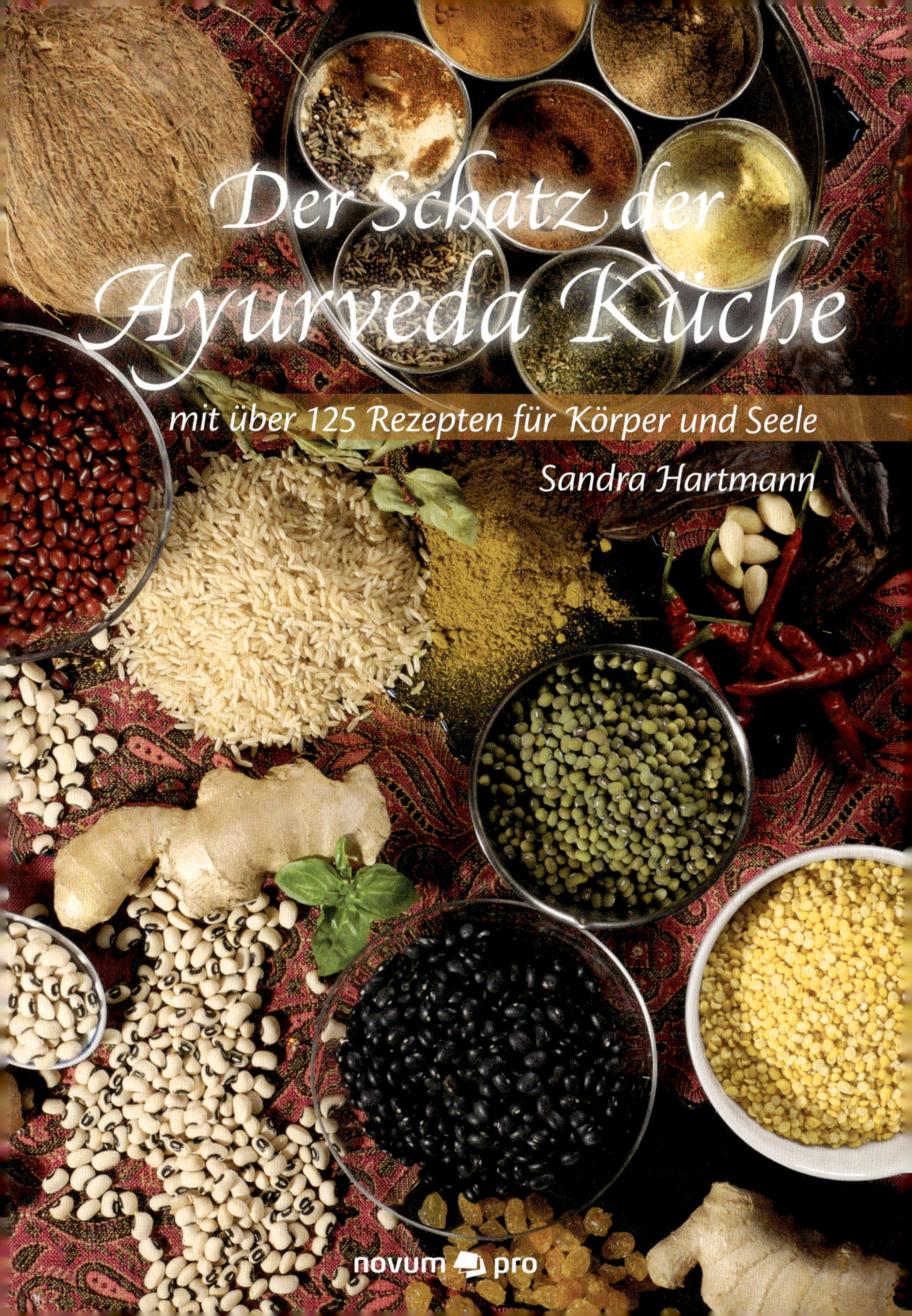

Der Schatz der Ayurveda Küche

mit über 125 Rezepten für Körper und Seele

Sandra Hartmann

novum pro

© 2009 novum publishing gmbh

ISBN 978-3-85022-982-1
Lektorat: Angelika Glock
Cover: Hannes Szemeliker
(Haridev Das)
Abbildungen: Markus Guschelbauer,
Helmut Mitter
Geschirr von Fa. Leiner

Die von der Autorin zur Verfügung
gestellten Abbildungen wurden in
der bestmöglichen Qualität gedruckt.

Gedruckt in der Europäischen Union
auf umweltfreundlichem, chlor- und
säurefrei gebleichtem Papier.

www.novumverlag.com

Bibliografische Information
der Deutschen Nationalbibliothek:

Die Deutsche Nationalbibliothek
verzeichnet diese Publikation in der
Deutschen Nationalbibliografie.
Detaillierte bibliografische Daten
sind im Internet über
http://www.d-nb.de abrufbar.

AUSTRIA · GERMANY · SWITZERLAND · HUNGARY

Inhaltsverzeichnis

Widmung und Danksagung

Das Kochbuch möchte ich meinen Eltern Helena und Gojko widmen und mich für ihre unschätzbare Liebe und Unterstützung bedanken.
Sie haben mich mit vielen moralischen Werten erzogen und in mir das Licht der Barmherzigkeit und des Mitgefühls für alle Lebewesen angezündet.
Weiterhin möchte ich meiner lieben Schwester Tanya und ihrem Mann Maurice für ihre Unterstützung und ihre motivierenden Worte danken.

Danke an Haridev Prabhu für das wunderschöne Cover.

Danke an Bhagavat Prabhu für seine fachliche und finanzielle Unterstützung.

Speziellen Dank an Markus Guschelbauer und Helmut Mitter für die wunderschönen Foodbilder.

Mein besonderer Dank gilt meiner Freundin Esther Chiara, ohne sie hätte ich das Buch wahrscheinlich nie angefangen. Sie hat mich mit ihrem Esprit angesteckt und inspiriert. Danke, Chiara.

Mein größter Dank gilt meinem großen Meister A. C. Bhaktivedanta Swami Prabhupada, der das Wissen der Veden selbstlos in den Westen gebracht hat, und meinem einweihenden spirituellen Meister Sri Rohini Suta Prabhu, der dieser suchenden Seele ihre Dharma (Weg) gezeigt hat.

„Om namo bhagavate vasudevaya"

Ich bringe der absoluten Wahrheit in ihrer alldurchdringenden Form als Vasudeva Krishna meine achtungsvollen Ehrerbietungen dar.

„AYURVEDA IST EWIG, OHNE ANFANG UND OHNE ENDE, DENN DIE GESETZE DES LEBENS SIND VON UNIVERSELLER NATUR UND IHRE EIGENSCHAFTEN ZEITLOS."

Charaka Samhita, Sutr. 30.27

Ayurveda – Mutter der Medizin

Ayurveda ist eine ganzheitliche Medizinkunde, die den Menschen als eine Einheit von Seele, Geist und Körper sieht. Als Lebensratgeber bietet es Therapieformen, die menschliches Leiden beseitigen sollen. Zu den ayurvedischen Therapieformen zählen: Diätetik, Kräuterheilkunde, Meditation, Yoga, das Singen von Mantras, Verhaltens-, Edelstein-, Musik- und Ritualtherapie.
Der Ursprung von Ayurveda liegt in der vedischen Hochkultur, die vermutlich 5000 bis 7000 Jahre zurückliegt. Die Begründer von Ayurveda nennt man Rishis. Das waren Menschen, die sich mit kosmischen Gesetzmäßigkeiten auseinandersetzten und ihre Erkenntnisse über das menschliche Leben an andere Menschen weitergaben.
Sri Dhanvantari, eine der vielen Inkarnationen Krishnas oder Vishnus, gilt als Gründer und Schutzpatron von Ayurveda. Ursprünglich wurde die Medizinheilkunde mündlich überliefert. Die ersten schriftlichen Aufzeichnungen in Sanskrit sind etwa 5000 Jahre alt. Die bedeutendsten und noch heute existierenden Ayurveda-Schriften sind Charaka und Sushruta Samhita und Ashtanga Samgraha.

Ayurvedische Ernährungslehre

Ayurveda bietet Ernährungsratschläge zum Vorbeugen von Krankheiten und zur Erhöhung der Widerstandskraft. Viele Ursachen von Krankheiten und Unwohlbefinden sind in einer falschen Ernährung zu finden. Was wir essen, wirkt sich auch auf unsere Gefühle aus. Verschiedene Nahrungsmittel führen laut Ayurveda dazu, dass es uns körperlich und seelisch besser oder schlechter geht.

Nach Ayurveda sollte man die Ernährung im Sinne einer Langzeittherapie verändern. Folgende Faktoren beeinflussen die Wirkung von Nahrung:
– Qualität der Nahrung
– Zubereitungsart
– Kombination
– Menge
– Herkunft
– Jahres- und Tageszeit
– Bewusstsein beim Kochen
– Bewusstsein beim Essen

Die ayurvedische Ernährungslehre basiert auf der Lehre der drei Doshas. Das sind die drei grundlegenden Kräfte VATA (Äther und Luft), PITTA (Feuer und Wasser) und KAPHA (Wasser und Erde), die auch jedem menschlichen Körper innewohnen.

Vata, Pitta und Kapha sind voneinander abhängig und nehmen wechselseitig Einfluss auf die Befindlichkeit eines Menschen. Stehen die drei Kräfte im Gleichgewicht, erhalten sie die Gesundheit. Sind die Kräfte in einem Ungleichgewicht, führt dies zu Unwohlsein oder Krankheiten.

VATA
Vata steht für Bewegung, Transport, die Fähigkeit, etwas wahrzunehmen und zu kommunizieren. Sämtliche Körperfunktionen werden von Vata gesteuert.

PITTA
Pitta ist zuständig für den Stoffwechsel, die Verdauung und den Wärmehaushalt. Intellekt und emotionale Ausdrucksweise sind ebenfalls von Pitta abhängig.

KAPHA
Kapha steuert den Flüssigkeitshaushalt und die Abwehrkräfte. Zusammenhalt, Struktur und Stabilität hängen von Kapha ab.

Vata
(Äther und Luft)
steht für Bewegungen
und Transport sowie für die
Fähigkeit wahrzunehmen
und zu kommunizieren.

Kapha
(Wasser und Erde) ist
verantwortlich für den
Zusammenhalt, die Struktur,
den Flüssigkeitshaushalt,
die Stabilität und die
Abwehrkräfte.

Pitta
(Feuer und Wasser)
ist zuständig für den
Stoffwechsel, die Verdauung,
den Wärmehaushalt,
Intellekt und emotionalen
Ausdruck.

Ojas – Vitalkraft

„Die weißliche bis gelbrote Flüssigkeit, die ihren Sitz im Herzen hat, wird Ojas (vitale Essenz) genannt. Bei deren Verlust stirbt der Mensch."
„Ojas ist die erste Sache, die im Körper aller Lebewesen geschaffen wird. Es hat die Farbe von zerlassener Butter, schmeckt wie Honig und riecht wie Puffreis."
Charaka Samhita
Ojas ist in der ayurvedischen Ernährungslehre der Begriff für Vitalkraft. Wie Honig als Essenz von Blüten, ist Ojas die Essenz des menschlichen Körpergewebes. Ojas beeinflusst die menschliche Widerstandsfähigkeit gegenüber Krankheiten, macht glücklich und sorgt für strahlendes Aussehen und innere Schönheit. Es gibt zwei Arten von Ojas:

Param Ojas (8 Tropfen; ein Verlust von Param Ojas führt zum Tod)
Aparam Ojas (eine Hand voll; wirkt nicht tödlich, wenn es vermindert wird)

Agni – Das Innere Biologische Feuer

„Alle Krankheiten entstehen durch ein Ungleichgewicht von Agni."

Agni ist das kosmische Naturgesetz von Transformation und Verwandlung. In unserem Körper sorgt Agni im Verdauungssystem dafür, dass aufgenommene Nahrung zerlegt, absorbiert und in körpereigenes Gewebe umgewandelt wird. Jatharagni, das zentrale Verdauungsfeuer, hat seinen Sitz im unteren Magen und im oberen Bereich des Dünndarms, wo die wichtigen Verdauungsvorgänge stattfinden. Wenn Agni funktioniert, fühlen wir uns gesund, energiegeladen und wohl. Wenn unser Verdauungsfeuer nicht richtig arbeitet, entstehen „Ama" oder Schlackenstoffe, eine Vorstufe mancher Krankheiten.

Ama – Schlackenstoffe

Ama heißt wörtlich „unverdaut" oder „nicht fertig gekocht". Ama sind Schlackenstoffe, die sich im Körper ablegen und Krankheiten verursachen können, wenn
sie nicht rechtzeitig ausgeschieden werden. Es gibt sehr viele Symptome für Ama
im Körper:
– Verdauungsstörungen
– Müdigkeit
– Schweregefühl
– Faulheit
– Anfälligkeit für Krankheiten
– Steifheit
– übermäßiger Speichelfluss
– belegte Zunge
– bissiger und schwerer Schweißgeruch
– schlechte und langsame Wundheilung
– Hautausschläge, Juckreiz
– geschwollene Augen und Lymphknoten

Ama kann auf allen Agni-Ebenen entstehen. Es wird mit Fasten, dem Trinken von
heißem Wasser, Ingwer und „Trikatu" (Gewürzmischung aus Ingwer, schwarzem
und langem Pfeffer) in Kombination mit viel Bewegung behandelt.

Heilende und spirituelle Aspekte der Ernährung

Die Wirkungen der sechs Geschmacksrichtungen

Es gibt nach Ayurveda sechs verschiedene Geschmacksrichtungen, die, im Über-
maß genossen, die Doshas verstärken oder schwächen können.

– **Süß** (Getreide, Süßkartoffeln, Reis, Nudeln, Honig, Zucker, reife Früchte, Süß-
mittel, Milch)
– **Sauer** (Zitrusfrüchte, Joghurt, Essig, Tamarinde, Tomaten)
– **Salzig** (Meersalz und Steinsalz)

- **Scharf** (Chili, Paprika, Pfeffer, Ingwer, frische Kräuter, Senf, Kresse)
- **Bitter** (grünes Gemüse, Salat, Küchenkräuter, Bockshornklee, Karela, Wermut)
- **Herb, zusammenziehend, oder adstringierend** (Bohnen und Linsen, Apfel, Quitte, Spinat, Kohl, Brokkoli, Spargel, Auberginen, Artischocken, Gewürze)

Süß, sauer und salzig erhöhen Kapha und reduzieren Vata.
Sauer, salzig und scharf erhöhen Pitta.
Süß, bitter und herb beruhigen Pitta.
Scharf, bitter und herb reduzieren Kapha und erhöhen Vata.

Gunas – Erscheinungsweisen der Natur

Die Upanischaden, die ältesten Schriften Indiens, sprechen von der Nahrung als „Brahman", dem Göttlichen. Die Einheit allen Lebens zeigt sich im Prozess des Essens, durch den wir an der Schöpfung der materiellen Welt teilhaben.
Klar ist, dass eine richtige Ernährung alleine nicht ausreichen kann, Krankheiten vollständig zu heilen. Eine richtige Ernährung hilft jedoch, Krankheiten zu lindern, und führt zu Ausgeglichenheit und Wohlbefinden. Laut Ayurveda haben **Nahrungsmittel eine therapeutische Wirkung, die durch eine bestimmte Art der Zubereitung mit Gewürzen und Fette für den menschlichen Körper noch nützlicher gemacht werden können.**

Ayurveda lehrt uns, dass alles, was existiert, von den drei Gunas oder den drei Erscheinungsweisen der Natur, Tamas, Rajas und Sattva, bestimmt wird. In Bezug auf die Ernährung bilden sich daraus folgende drei Ernährungsformen:
Tamas ist das Prinzip von Trägheit, Dunkelheit, Stumpfheit und des Widerstandes. Nahrungsmittel in dieser Kategorie sind passiv. Sie fördern Eigenschaften wie Ignoranz, Gier, Faulheit, Depression, Dummheit und Verzweiflung. Nahrungsmittel dieser Art benötigen unglaublich viel Energie für ihre Verdauung und verfügen über keine Vitalkraft. Zu Tamas-Nahrungsmitteln zählen alte, schlecht riechende, faulende, schlecht schmeckende, sterilisierte, kalte und abgestandene Speisen. Dazu gehören Fleisch, Fisch, Eier, Erdnüsse, Pilze, homogenisierte Milch, Hartkäse, Fast Food, Konserven und Tiefgefrorenes. Solche Lebensmittel sollte man möglichst meiden.

Rajas sind das Prinzip von Energie, Aktivität, Emotion, Turbulenz und Leidenschaft. Nahrungsmittel dieser Kategorie führen zu Überaktivität, Rastlosigkeit, Reizbarkeit, Aggressionen, Schlaflosigkeit, zu unreiner Haut, hohem Blutdruck und sie erhöhen Giftstoffe im Blut. Das sind Speisen, die sehr scharf, sehr salzig, sehr sauer, heiß oder trocken sind. Dazu gehören Kaffee, Alkohol, Knoblauch, Zwiebel, Fisch, Konservierungsstoffe, Ketchup, Schokolade, Aufputschgetränke, Bier, Wein, stark frittierte Speisen. Man sollte Rajas-Lebensmittel höchstens einmal pro Woche in kleinen Mengen zu sich nehmen.

Sattva ist das Prinzip von Licht, Wahrnehmung, Intelligenz, Harmonie, Tugend und Klarheit. Nahrung dieser makellosen Qualität öffnet das Bewusstsein, bringt emotionale Harmonie und birgt keine pathogenen Faktoren in sich. Lebensmittel, die Sattva-Qualitäten besitzen, sind frische Milch und Milchprodukte, Getreide (speziell Weizen und Reis), Früchte, Gemüse, Hülsenfrüchte und Linsen, Butterschmalz, Nüsse, Samen und Kräuter. Alle Sattva-Speisen sind frisch, saftig, ölig, nahrhaft und süß. Sattvische Ernährung hat eine hohe Energetik und einen positiven karmischen Einfluss.

Die sattvische Ernährung geht auf Bhakti Yogis zurück. Das waren Menschen, die Yoga praktizierten und sich zur Gänze Göttlichem widmeten. Diese Art der Ernährung ist wichtig für Menschen, die ihren Verstand stark nutzen, da sie geistige Fähigkeiten und Energie fördert. Nur mit einer sattvischen Diät kann sich ein Mensch spirituell weiterentwickeln.

Prasadam – Spiritualisierte Speisen

Eine laktovegetarische Diät kommt einer Ernährung nach Sattva am nächsten und ist die ideale Ernährungsweise für Körper, Geist und Seele. Sie muss natürlich an jede Konstitution individuell angepasst werden.

Über die Sattva-Diät hinaus empfiehlt uns die **Bhagavad-Gita,** unser **tägliches Essen zu spiritualisieren.** Wir sollten versuchen, jede unserer Tätigkeiten in Dankbarkeit und Liebe Gott zu weihen. Dieses Prinzip kann in allen Lebensbereichen angewandt werden, auch im Bezug auf das Essen. Da uns Gott durch die Schöpfung die Nahrung zur Verfügung stellt, sollten wir alles, was wir essen, zuerst dem Schöpfer mit **Liebe und Hingabe (Bhakti)** darbringen. Dazu eignet sich ein kleines aufrichtiges Gebet, ein Mantra oder entsprechende Weihrituale, die man in jeder Religion finden kann.

Lord Krishna sagt in Bhagavad – Gita:
(9. Kapitel, Vers 26)

„Patram puhspam phalam toyam yo me bhaktya prayacchati. Tad aham bhakty-upahritam ashnami praya-tatmanaha." („Wenn mir jemand mit Liebe und Hingabe ein Blatt, eine Blume, eine Frucht oder etwas Wasser opfert, werde ich es annehmen.")

Opfergebet Mantra:
„om namo bhagavate vasudevaya"
(„Ich bringe der absoluten Wahrheit in ihrer alldurchdringenden Form als Vasudeva Krishna meine achtungsvollen Ehrerbietungen dar")

„Lord Krishna", painted by Syamarani dd,
www.bhaktiart.net

Da Energie des Koches in Essen fliesst, sollte der Koch bewusst und behutsam mit Lebensmittel umgehen. Die Küche sollte sauber und der Koch frisch geduscht sein. Eine Meditations- Mantra- oder klassische Musik im Hintergrund hilft, um sich auf das Kochen zu konzentrieren. Während des Kochens wird das Essen nicht probiert (weil das die Verdauung durcheinander bringt). Jeder kann mit der Zeit lernen, mit Augen abzuschmecken. Erst wenn das Essen auf dem Tisch steht und nachdem ein Gebet oder Mantra gesprochen wurde – sollte man das spirtualli-sierte Essen zu sich nehmen. Das nennt man Kochen als Meditation und Alche-mie, indem die einfachen Lebensmitteln zum Heilmitteln umgewandelt werden.

Sieben Konstitutionstypen und ihre empfohlene Ernährung

Die Konstitution oder Prakriti einer Person bestimmt im Ayurveda alle Maßnah-men der Gesundheitsvorsorge, Ernährung oder Therapie.

Man unterscheidet sieben verschiedene Prakritis:
– Vata
– Pitta
– Kapha
– Vata/Pitta
– Vata/Kapha
– Pitta/Kapha
– Vata/Pitta/Kapha

Bestimmen Sie Ihren Typ!

Die folgende Tabelle dient dazu, Ihre körperlichen und geistigen Eigenschaften zu erkennen. Bei jeder Frage finden Sie drei mögliche Gruppen von Eigenschaften (Vata, Pitta und Kapha). Geben Sie sich bei der Eigenschaft einen Punkt, bei der Sie sich eindeutig wiedererkennen. Erkennen Sie sich bei einer Frage bei zwei Eigenschaften wieder, geben Sie sich bei beiden Gruppen einen Punkt.

Zum Schluss summieren Sie Ihre Punkte. Die Eigenschaft mit der höchsten Anzahl an Punkten entspricht Ihrer Konstitution.
Wenn Sie zum Beispiel 24 Punkte bei Vata, 13 Punkte bei Pitta und 5 Punkte bei Kapha haben, sind Sie ein Vata-Typ.

Wenn Sie von zwei Doshas eine annähernd gleiche Anzahl von Punkten haben, sind Sie ein Mischtyp. Beispielsweise haben Sie 16 Punkte bei Vata, 5 Punkte bei Pitta und 15 Punkte bei Kapha. Sie sind ein Vata/Kapha-Typ.

Wenn alle drei Doshas annähernd gleich ausgeprägt sind, ist man ein Tridosha-Typ. Zum Beispiel: 12 Vata, 11 Pitta und 13 Kapha.

Konstitutionstabelle

	VATA	PITA	KAPHA
Erscheinungsbild	dünn, leicht, zartgliedrig, hervorstehende Knochen, Sehnen und Adern	mittelgroß entwickelt, sportlich, temperamentvoll	korpulent, schwer, gute Proportionen, hoher Fettanteil
Haut	trocken, rau, rissig, durchsichtig (gute Venenzeichnung)	warm, feucht, weich, Muttermale, Sommersprossen, Pickel, faltig	dick, feucht, kalt, glatt, weich
Hautfärbung	dunkelbraun, matt	rosa, gelb, rötlich	weiß, hell
Haare	braun, dunkel, aber nicht schwarz, rau, spröde, trocken	blond, hellblond, Haarausfall, Glatze, seidig, ergraut schnell	schwarz, gelockt, fettig, dick
Gesicht	hervorstehende Wangenknochen, kleine, unruhige Augen, feine Lippen, ungerade und kleine Zähne	Falten, prägnante Nase, schlaffe Haut, gerötete Augen, rote Lippen, Neigung zu Herpes und Stomatitis	attraktiv, breit, große Augen, schöne und volle Lippen, große, perlenartige Zähne
Schultern	schmal	mittel	breit
Brustkorb	dünn	mittel	stark
Arme	dünn, Adern und Knochen sind stark sichtbar	mittel	lang, groß, fest
Hände	rau, trocken, kalt, mit tiefen Rissen	warm, rosig, feucht	dick, groß, fest, kühl
Beine	dünn, hervorstehende Gelenke	mittelmäßig	fest, kräftig, dick
Füße	klein, kalt, rissig	weich, warm, feucht	groß, dick, kalt
Gelenke	klein, knackende Geräusche	mittel, locker, weich	groß, dick, knacken nicht
Nägel	klein, trocken, rau	weich, rosig	dick, groß, glatt, weiß, perlig
Appetit	unregelmäßig	stark, sehr durstig	wenig
Stuhl	hart, trocken, Verstopfung, Blähungen	viel, locker	schleimig, ölig, durchschnittlich geformt
Urin	wenig, gelegentlich, mit Schwierigkeiten	übermäßig viel, gelb, starker Geruch, sauer	wenig
Schweiß	wenig und ohne Geruch	viel, starker Geruch	wenig

Stimme	leise, schwach, rau, gebrochen, angestrengt, stotternd	scharf, klar	tief, voll Töne
Sprache	schnell, sehr viel, häufiger Themenwechsel	guter Redner, fließend, argumentativ, überzeugend	langsam, bestimmt, bleibt beim Thema
Stärke	schwach	schwer zu bändigen	exzellent
Abwehrkraft	schwach	durchschnittlich	ausgezeichnet
Gang	unruhig, schnell	nicht zu erkennen	langsam, stetig
Mentale Einstellung	unentschlossen, innovativ – beginnt viele Dinge, bringt aber wenig zu Ende, sensibel	bestimmt, hitzig, humorvoll, analytisch, zielorientiert, ehrgeizig, wetteifernd, stur, entschlossen	entschieden, langsam, bedachtsam, gewissenhaft, beständig
Verhalten	eifersüchtig, untreu, verliebt sich oft und wechselt Partner, unreligiös	schnell verärgert, aber schnell wieder erfreut, gütig, streng bei Fehlverhalten	geduldig, tolerant, treu, religiös, zufrieden, respektvoll gegenüber Älteren, freigiebig, mitfühlend
Emotionen	besorgt, ausgeprägtes Vorstellungsvermögen, ängstlich, reizbar, instabile Gefühlswelt	ärgerlich, zornig, impulsiv, ungeduldig, kritisch	ruhig, tolerant, reif, seriös, verlässlich, stabil, gefasst
Intelligenz	durchschnittlich, schnelle Auffassungsgabe	ausgezeichnet, versteht schnell und gut	gut, versteht langsam
Gedächtnis	schlecht, vergesslich	gut	ausgezeichnet
Schlaf	weniger als sechs Stunden pro Tag, Probleme beim Einschlafen, knirscht mit Zähnen, Schlafunterbrechungen	durchschnittlich	zumindest acht Stunden oder mehr
Träume	fliegen, klettern, Albträume	Feuer, Blitz, Gold, Sonne, Blumen, viele Farben	Gewässer, Natur, Entspannung, Paradies
Hobbys	Musik, Poesie, lesen, reisen, tanzen, plaudern	Politik, Sport, Jagd, kämpfen, diskutieren	wandern, lesen, Wassersport
Empfindlichkeiten	gegen Kälte und Wind	gegen Hitze und Sonne	gegen Kälte

Krankheiten	sehr anfällig für mentale oder psychische Erkrankungen und Schmerzen	Fieber, Entzündungen	Übergewicht, Verschleimung, Diabetes, Arteriosklerose
Beziehungen	oft wechselnd, wenige Freunde	Freunde und Feinde	starke, gute und stabile Freundschaften
Nachkommen	maximal ein Kind	bis zu zwei Kindern	mehr als zwei Kinder
Wohlstand	gering, wenig Besitz	mittel	Groß, oder arbeitet in diese Richtung, viele Besitztümer und Reichtum
Ergebnis/Punkte	**Vata:**	**Pita:**	**Kapha:**

VATA-TYP

Vata-Menschen sind schlank und entweder hochgewachsen oder extrem klein. Typische Merkmale sind lange, schmale Hände, markante Gesichtszüge und knackende Gelenke. Das Haar ist eher spröde und trocken. Es handelt sich um hochsensible, manchmal schüchterne Menschen mit einer kreativen, intuitiven und feingeistigen Natur. Sie sind schnell begeistert und schnell im Handeln, aber auch schnell wieder erschöpft.

Routine ist nicht das Richtige für Vata-Menschen, da sie Veränderungen lieben und Neuem sehr positiv gegenüberstehen. Vata-Menschen sind abenteuer- und reiselustig. Sie wechseln oft Partner, Arbeit, oder Ausbildung. Menschen dieser Konstitution sind oft unruhig und nervös. Sie reagieren sehr empfindlich auf Einflüsse ihrer Umwelt wie Geräusche, Kälte, Wind, Wetterwechsel oder negative Energien.

Die unregelmäßigen Vata-Menschen haben auch einen sehr unregelmäßigen Appetit. Manchmal essen sie wenig oder verzichten ganz aufs Essen, manchmal essen sie viel und deftig. Gewichtsprobleme kennt dieser Konstitutionstyp nicht. Die Verdauung ist wechselhaft. Vata-Menschen leiden oft unter Verstopfungen und trockenem Stuhl.

Die Haut ist meistens trocken. Kälte mögen sie überhaupt nicht. Vata-Menschen halten sich am liebsten den ganzen Tag in der Sonne auf.

Beruflich ist es diesem Typ wichtig, dass er sich entfalten kann. Kreative und künstlerische Tätigkeiten sowie Lehr- und Heilberufe liegen Vata-Menschen besonders.

Vata-Menschen brauchen Entspannung, Harmonie, Regelmäßigkeit und Wärme. Speisen mit süßen, sauren und salzigen Geschmacksrichtungen sind ideal. Die Diät eines Vata-Typs sollte nahrhaft, beruhigend und erdig sein. Die Speisen sollten warm, schwer, stärkend und leicht gewürzt sein und dem Körper Flüssigkeit spenden.

PITTA-TYP

Pitta-Menschen sind sehr harmonisch proportioniert. Sie haben eine mittlere Statur, empfindliche Haut mit Sommersprossen und seidiges, dünnes Haar, das früh ergraut. Männer haben oft eine Glatze.

Sie sind intensiv, schnell und reizbar. Es handelt sich um kritische, ehrgeizige und leistungswillige Menschen, die ihre Ziele leicht erreichen. Pitta-Typen sind Kämpfernaturen und Workaholics. Durch ihre schnelle Auffassungsgabe handeln sie meistens schneller als andere Menschen und neigen zur Ungeduld. Hitze vertragen sie nicht, da sie Kälte benötigen, um ihre hitzige Natur abkühlen zu können.

Pitta-Menschen essen und trinken gerne und viel. Mahlzeiten können sie nur schwer auslassen, da ihr inneres Verdauungsfeuer ständig brennt und Nachschub verlangt. Sie vertragen keine Kritik. Pitta-Typen findet man oft in wissenschaftlichen Berufen oder in Führungspositionen wieder. Sie besitzen Charisma und Überzeugungskraft. Erfolgreiche Manager, Politiker oder Selbstständige haben oft eine Pitta-Konstitution.

Fleisch, Fisch, Eier, scharfe, saure oder zu salzige Speisen sind sehr schlecht und gesundheitsschädlich für Pitta-Menschen, da diese Lebensmittel die Hitze im Körper weiter verstärken. Isst ein Pitta-Typ süße, bittere und herbe Nahrungsmittel mit kühlender Wirkung auf den Körper, wird das hitzige Temperament etwas besänftigt.

KAPHA-TYP

Kapha-Konstitutionen sind kompakt, stämmig und kräftig. Sie haben breite Schultern und Hände, eine starke Brust, große Augen, Nase, Lippen und wunderschöne große weiße Zähne. Das Haar ist dicht und kräftig, die Stimme schön und tief. Kapha-Menschen sind sehr geduldig, bodenständig, ruhig und barmherzig.

Das Essen ist für sie ein Genuss, eine Art emotionale Befriedigung. Komfort, Sicherheit und ein gewisser Wohlstand sind ihnen wichtig. Kapha-Menschen brauchen etwas länger, um zu verstehen und zu handeln. Dafür haben die Entscheidungen Hand und Fuß. Sie denken konservativ und stehen Veränderungen skeptisch gegenüber. Das macht Kapha-Menschen etwas langsamer. Sie sind aber ausgeglichen, stabil und zufrieden.

Kapha-Typen findet man häufig in Berufen, die Beständigkeit und Routine bieten, beispielsweise in Verwaltung, Politik, in der Krankenpflege, in der Erziehung oder in der Landwirtschaft. Sie sind treue Partner, die sich selten auf Abenteuer einlassen. Kapha-Menschen sollten schwere, deftige, ölige und süße Speisen meiden. Die Geschmacksrichtungen scharf, bitter und zusammenziehend sind hingegen ideal für Kapha-Konstitutionen.

VATA/PITTA-TYP

Vata/Pitta-Naturen sind Aktion pur. Luft mit Feuer gepaart, ergibt noch mehr Unruhe, Veränderung, Sorgen, Ideen und Überaktivität. Es handelt sich um intelligente und sensible Menschen. Vata- und Pitta-Einflüsse wechseln einander häufig ab. Im harmonischen Zustand vereinen Vata/Pitta-Menschen die Flexibilität und den Ideenreichtum von Vata mit dem pragmatischen und zielbewussten Umsetzungsvermögen von Pitta.

Sie lieben Sonne und Wärme, meiden aber starke Hitze. Das Pitta lässt sie viel und gut essen, aber sie nehmen nur schwer zu. Sie haben, verursacht durch Vata, Probleme mit der Verdauung. Vata/Pitta-Konstitutionen klagen häufig über Schlafstörungen, Kopfschmerzen und einen empfindlichen Magen.

Sie brauchen Stabilität und Regelmäßigkeit. Süßes ist ideal für diese Typen, da es erdet. Bei stärkerem Vata-Anteil sollten sie sich an die Regeln der Vata-Diät halten. Sollte der Pitta-Anteil stärker ausgeprägt sein, sollte man sich nach den Empfehlungen für eine Pitta-Diät richten.

Die Speisen sollten fein gewürzt, nicht scharf, beruhigend und stabilisierend sein. Zu Mittag können sie, vor allem im Sommer, viel Rohkost essen. Im Winter sollte jeden Tag etwas Süßes und Getreide auf dem Speiseplan stehen.

VATA/KAPHA-TYP

Vata/Kapha-Naturen vereinen zwei gegensätzliche Doshas. Kälte ist die einzige gemeinsame Eigenschaft von Vata und Kapha. Deswegen brauchen diese Menschen viel Wärme, sowohl auf körperlicher als auch auf emotionaler Ebene.

Vata/Kapha-Konstitutionen haben eine liebevolle und ruhige Art. Aus diesem Grund finden wir diese Menschen häufig in Heilberufen, psychologischen oder seelsorgerischen Berufen. Sie sind oft zu schwach, um Nein zu sagen. Nach außen wirken Menschen dieses Typs kontaktfreudig. Innerlich lassen sie nur wenige Menschen an sich heran.

Sie setzen sich mit Leib und Seele für Dinge ein, hinter denen sie voll und ganz stehen. Sie sehen ihre Grenzen nicht und übernehmen sich leicht.

Vata/Kapha-Menschen sind häufig überdurchschnittlich groß mit großen Körpern. Sie brauchen besonders viel Wärme, Zuneigung und Liebe.

Die Geschmacksrichtungen sauer, salzig und scharf tun ihnen gut. Hier ist viel Gemüse mit anregenden und wärmenden Gewürzen ideal. Abendessen sollte bei Vata/Kapha-Konstitutionen sehr leicht sein. Gebratene, schwere und ölige Speisen sowie große Portionen sollten vermieden werden.

PITTA/KAPHA-TYP

Pitta/Kapha-Naturen sind von rundlicher Statur und mittlerer Größe. Der aktive Stoffwechsel von Pitta und die widerstandsfähige Konstitution von Kapha versprechen eine gute Gesundheit, wenn in Kombination mit viel Bewegung mäßig gegessen wird.

Bei diesen Menschen treffen Stabilität und Ausdauer von Kapha auf Effektivität und Power von Pitta. Kein Wunder, dass es sich häufig um sehr erfolgreiche Menschen handelt. Pitta/Kapha-Menschen sind engagiert, sozial und liebevoll. Sie haben ihre eigene Wahrnehmung der Welt und richten sich nicht nach gut gemeinten Ratschlägen.

Die Geschmacksrichtungen sind bitter und zusammenziehend. Am besten sind alle bitteren Gemüsesorten (grünes und Blattgemüse), viel Rohkost zu Mittag und fünf Mal pro Woche Hülsenfrüchte (adstringierend). Sehr salzige und ölige Speisen verursachen Hautunreinheiten und Reizungen. Koriander, Safran und Basilikum wirken ausgleichend auf Pitta/Kapha-Konstitutionen.

VATA/PITTA/KAPHA-TYP
TRIDOSHA

Vata/Pitta/Kapha-Typen oder **Tridoshas** sind seltener zu finden als die anderen Konstitutionen. Diese Menschen sind sehr ausgeglichen mit einer maximalen Widerstandskraft gegen Krankheiten, da sie mit einem natürlichen inneren Gleichgewicht geboren wurden.

Eine ausgewogene laktovegetarische Diät, die die Jahreszeiten berücksichtigt, erhält das Gleichgewicht der Doshas und damit eine optimale Gesundheit. Einseitigkeit sollte man vermeiden. Alle Geschmacksrichtungen können mit Maß und Ziel genossen werden. Ein **Tridosha**-Typ sollte sich an die allgemeinen ayurvedischen Ernährungsrichtlinien halten.

Gesunde Ernährung für jede Konstitution

Ich habe darauf verzichtet, Fleisch, Fisch und Eier in meinen Empfehlungen zu erwähnen. Ich bin der Meinung, dass diese Nahrungsmittel nicht förderlich für die menschliche Gesundheit sind. Das heißt nicht, dass Ayurveda diese Nahrungsmittel grundsätzlich verbietet. Jeder Mensch soll für sich entscheiden, welche Ernährung er am besten mit seinem Gewissen vereinbaren kann. Ayurveda empfiehlt jedoch ganz klar eine ausgewogene laktovegetarische Diät.

Vata-reduzierende Diät

Menschen mit Vata-Konstitution sollten saure, süße, salzige, flüssige, wärmende, feuchte und nahrhafte Speisen zu sich nehmen. Sie sollten täglich drei bis fünf kleine Mahlzeiten essen und geregelte Essenszeiten haben. Fasten sollten Vata-Typen nicht länger als einen Tag. Am besten eignen sich dafür leichte Suppen, da Vata-Typen mit genügend Flüssigkeit versorgt werden müssen. Das Essen sollte immer frisch gekocht und mit viel Liebe zubereitet werden, da Vata-Menschen hochsensibel sind und leicht Verdauungsstörungen bekommen.

Zum Frühstück eignet sich hervorragend ein Dinkel- oder Reisflocken-Brei mit gedünsteten Früchten, einem Schuss Sahne, Rohrzucker und wärmenden Gewürzen wie Zimt, Kardamom, Ingwer oder Anis. Kaffee oder heiße Schokolade sind schlecht, da sie eine künstlich-stimulierende Wirkung haben. Als Alternative kann man Getreidekaffee mit Milch probieren. Eine Zwischenmahlzeit kann je nach Jahreszeit aus ein paar Nüssen, Lassi oder Chai bestehen. Zu Mittag kann man Reis mit Gemüse, ein bisschen Mung Dal mit einem Klecks Joghurt und ein kleines Dessert nehmen.

Nachmittags können Vata-Menschen mit einer gesunden Verdauung auch mal ein Stück Kuchen mit einer Tasse Tee oder Getreidekaffee genießen. Am Abend ist eine Suppe obligatorisch, am besten aus Wurzelgemüse. Eine andere Möglichkeit sind ein oder zwei Stück Toast (warm) mit vegetarischem Aufstrich, warme Nudeln mit Pesto, Couscous-Gemüse-Pilaw oder eine warme Bulgur-Pfanne. Bei der Zubereitung der Mahlzeiten sollte man blähungswidrige Gewürze und hochwertiges Fett wie Ghee oder Sesamöl verwenden.

Vata-Naturen leiden öfter unter Nahrungsmittelallergien, Verdauungsbeschwerden, Schlafproblemen, rheumatischen Krankheiten, Nervenproblemen und schmerzhaften Monatsblutungen.

Ideale Nahrungsmittelergänzungen: Chyavanprash, Ashwaganda, Brahmi

Nahrungsmittel für die Vata-Konstitution

GEMÜSE

Gemüse ist für Vata-Menschen sehr verträglich, wenn es mit genügend Ghee, Butter, Sahne oder Öl zubereitet wird.

Sehr gut: Karotten, Pastinaken, Süßkartoffeln, rote Rüben, Okra, grüne Bohnen, Sellerie, Avocado, Yamwurzel, Aubergine, Kürbis, Gurken, wenig Tomaten, Sprossen

Nicht empfehlenswert: Kohlsorten, Paprika, Blattgemüse, Pilze, bitterer Salat wie Endivien, rohe Zwiebeln

GETREIDE

Getreide ist für Vata-Typen sehr gut, wenn es mit viel Wasser gekocht wurde. Trockene Arten wie Brot oder trockenes Müsli sollte man meiden.

Sehr gut: Dinkel, Weizen, Reis, Hafer, Kamut

Weniger gut: Mais, Roggen, Buchweizen, Gerste, Quinoa

Nicht empfehlenswert: Hirse

HÜLSENFRÜCHTE

Hülsenfrüchte sind eine ideale Eiweißquelle. Da sie blähen, müssen sie mit blähungsdämpfenden Gewürzen wie Kreuzkümmel, Koriander oder Asafötida zubereitet werden.

Sehr gut: Mung Dal, rote Linsen, Urad Dal

Weniger gut: Kichererbsen, Chana Dal, Toor Dal, Tofu

Nicht empfehlenswert: alle Bohnen, speziell Sojabohnen

FRÜCHTE

Süße und leicht saure Früchte sind gut für Vata-Konstitutionen. Man sollte sie allerdings nur in kleinen Mengen essen oder gedünstet, da Früchte sehr leicht sind und nicht genügend erden. Trockenfrüchte sollte man über Nacht einweichen oder gekocht im Frühstücksbrei essen. Das hilft sehr gut, Verstopfungen zu lösen.

Sehr gut: Ananas, Erdbeeren, Kirschen, Pflaumen, Himbeeren, Feigen, Bananen, Mangos, Papayas, Zitrusfrüchte, Pfirsiche, Marillen, Melonen, süße Äpfel.
Nicht empfehlenswert: Birnen, Quitten

MILCHPRODUKTE

Milchprodukte, besonders fermentierte Milchprodukte, sind gut für Vata-Menschen. Milch sollte nie kalt getrunken werden.
Sehr gut: Ghee, Joghurt, Schlagsahne, Kefir, Sauerrahm, Frischkäse, Topfen, Milch
Weniger gut: Buttermilch, Hartkäse

FETTE UND ÖLE

Fette und Öle sind sehr wichtig für Vata-Konstitutionen.
Sehr gut: Ghee, Sesamöl, Kürbiskernöl, Olivenöl, Sonnenblumenöl
Weniger gut: Kokosöl, Maisöl, Sojaöl, Erdnussöl

SÜSSMITTEL

Süßes sollte ein fester Bestandteil der Ernährung von Vata-Menschen sein, da es stark erdet.
Sehr gut: Jaggery (Zuckerrohr), brauner Rohrzucker, Palmzucker, Kandiszucker, Ahornsirup, junger Honig
Weniger gut: alter Honig
Nicht empfehlenswert: weisser Zucker

GEWÜRZE

Gewürze sind für Vata gut geeignet, besonders wenn sie gegen Blähungen wirken und appetitanregend sind. Scharfe und bittere Gewürze sind zu vermeiden.
Sehr gut: Safran, Kardamom, Zimt, Asafötida, Ajwan, Kreuzkümmel, Koriander, Anis, Basilikum, Oregano, Majoran, Nelken, Meer- und Steinsalz, Fenchel, Mutterkümmel, Muskatnuss
Nicht empfehlenswert: Minze, Chili, Pfeffer, Kurkuma, Bockshorn

SAMEN UND NÜSSE

Samen und Nüsse sind ideal für Vata-Menschen, wenn sie leicht geröstet und gesalzen sind.
Sehr gut: Mandeln, Pistazien, Sesam, Cashewnüsse, Walnüsse, Haselnüsse, Kürbiskerne, Sonnenblumenkerne
Weniger gut: Kokosnüsse, Erdnüsse, Mohn

Pitta-reduzierende Diät

Pitta-Naturen sollten süße, bittere, herbe, nahrhafte, feuchte, kühlende und milde Speisen zu sich nehmen. Saure, scharfe, sehr salzige, erhitzende, ölige und trockene Speisen sollten aber vermieden werden. Fasten ist für Pitta-Menschen völlig ungeeignet, da ihre Verdauung sehr stark ist und sie ständig etwas zu verbrennen brauchen. Wenn ein Pitta-Typ fasten möchte, dann mit frisch gepressten Säften und für maximal ein bis zwei Tage pro Monat. Es sollten keine Mahlzeiten ausgelassen werden, da Pitta-Menschen sehr reizbar werden, wenn sie nicht regelmäßig essen.

Die Pitta-Diät sollte sehr viel flüssige Nahrung enthalten. Alkohol sollte unbedingt vermieden werden. Ein alkoholfreies Bier dagegen ist ein ideales Pitta-Getränk, da es kühlt und nicht reizt. Kaffee kann als Milchkaffee getrunken werden. Mineralwasser ohne Kohlensäure, Milch, Fruchtsäfte (keine sauren Säfte, wie z. B. Orangensaft oder Ananassaft) und nicht zu heiße Kräutertees sind ideal.

Pitta-Menschen brauchen ein starkes Frühstück. Am besten ist ein Reisbrei und milden Gewürzen wie Kardamom, Fenchel und Anis. Ein Dinkelbrot mit verschiedenen vegetarischen Aufstrichen ist ebenfalls ein gutes Pitta-Frühstück. Der erste Kaffee sollte unbedingt erst nach 10.00 Uhr getrunken werden, da der Körper am frühen Morgen entsäuern soll. Anstatt Bohnenkaffee kann man Getreide- oder Malzkaffee nehmen.

Zum Mittagessen ist viel Rohkost (bittere Salate wie Endivien, Radicchio) ideal, dazu gedämpftes Blatt- und Grüngemüse (Spinat, Mangold, Wirsing, Brokkoli, Zucchini, Fenchel, Okra). Man kann es sehr gut mit Kokosmilchsauce, Reis mit Mung Dal, Kichererbsen oder Dillkartoffeln kombinieren. Pitta-Menschen müssen nicht auf Nachspeisen verzichten. Frittierte und stark ölige Speisen sollte man aber meiden. Nachmittags ist ein Kräutertee oder Chai gut.

Zum Abendessen ist eine Kartoffelsuppe mit Croutons oder eine Minestrone perfekt. Wichtig ist, dass man Hartkäse oder Wurstbrote am Abend meidet, da sie Säure im Körper verursachen. Ein Reispilaw mit Gemüse oder Nudeln eignet sich auch gut als Pitta-Abendessen.

Pitta-Menschen leiden unter Hautproblemen wie Akne, Abszessen, Hautunreinheiten sowie unter Leber-, Milz- und Gallestörungen, Entzündungen, Gastritis und hohem Blutdruck.

Ideale Nahrungsergänzungsmittel: Nachtkerzenöl, Triphala, Chyavanprash

Nahrungsmittel für Pitta-Konstitutionen

GEMÜSE

Pitta-Naturen vertragen Rohkost sehr gut. Ansonsten kann Gemüse in ein bisschen Ghee angedünstet und mit milden Gewürzen gegessen werden.
Sehr gut: grünes Blattgemüse, Rohkost, Artischocke, Karfiol, Brokkoli, Kartoffeln, Süßkartoffeln, Okra, Gurken, Rosenkohl, Erbsen, Kürbis, Spargel
Nicht empfehlenswert: Zwiebeln, Knoblauch, Nachtschattengewächse wie Auberginen und Tomaten, Paprika, Lauch, Radieschen, Kren

GETREIDE

Getreide ist wunderbar für Pitta-Typen.
Sehr gut: Dinkel, Weizen, Reis, Hafer, Quinoa, Kamut
Weniger gut: Mais, Hirse, Buchweizen, Gerste, Roggen

HÜLSENFRÜCHTE

Pitta-Konstitutionen beziehen sehr viel Protein aus Hülsenfrüchten.
Sehr gut: Mung Dal, Chana Dal, braune Linsen, Bohnen
Weniger gut: rote Linsen, Kichererbsen

FRÜCHTE

Süße, reife Früchte mit kühlender Wirkung werden von Pitta-Menschen sehr gut vertragen.
Sehr gut: Äpfel, Birnen, Trauben, Melonen, Mangos, Pfirsiche, Bananen, Himbeeren, Papayas, Granatäpfel, Feigen, Kirschen, Pflaumen
Nicht empfehlenswert: Zitronen, sauere Orangen, Grapefruit, Marillen, Erdbeeren, Ananas

MILCHPRODUKTE

Milchprodukte, die nicht fermentiert sind, eignen sich gut für eine Pitta-Diät.
Sehr gut: Milch, Schlagsahne, Frischkäse, Ghee, Butter
Nicht empfehlenswert: Joghurt, Buttermilch, Kefir, Hartkäse, Schimmelkäse

FETTE UND ÖLE

Fette und Öle – Ghee ausgenommen – erhitzen. Sie sollten nur in geringen Mengen gegessen werden. Wenn möglich, sollte man auf kalt gepresste Fette und Öle zurückgreifen.

Sehr gut: Ghee, Kokosöl, Olivenöl, Kürbiskernöl
Weniger gut: Sonnenblumenöl

SÜSSMITTEL

Süßmittel sind sehr wichtig für Pitta-Menschen.
Sehr gut: Jaggery, Rohrzucker, Kandiszucker, Rohrzuckermelasse, Birnendicksaft
Nicht empfehlenswert: weißer Zucker, Honig, Ahornsirup

GEWÜRZE

Gewürze, die nicht scharf oder sauer sind, können verwendet werden. Salz nur in geringen Mengen und nur Steinsalz verwenden.
Sehr gut: Kurkuma, Koriander, Kreuzkümmel, Kardamom, Minze, Melisse, Safran, Ajwan, Ingwer, Dill, Nelken, Salbei, Anis, Basilikum, Zimt
Weniger gut: Rosmarin, Majoran, Bockshornklee, Tamarinde, Thymian, Muskatnuss, Paprika, Knoblauch, Meersalz
Nicht empfehlenswert: Chili, Pfeffer, Senfsamen

NÜSSE UND SAMEN

Nüsse und Samen sind in geringen Mengen in Ordnung.
Sehr gut: Kokosnüsse, Sonnenblumenkerne, Kürbiskerne, Mandeln
Weniger gut: Sesam, Cashewnüsse, Walnüsse, Haselnüsse, Pinienkerne
Nicht empfehlenswert: Erdnüsse

Kapha-reduzierende Diät

Die Kapha-Diät sollte aus warmen, bitteren, herben, scharfen, leichten und trockenen Speisen bestehen. Fasten ist sehr gut für Kapha-Typen. Sie fühlen sich während des Fastens viel klarer und leichter. Ein Fastentag in der Woche ist optimal. Ingwertee mit Honig oder heißes Wasser mit Trikatu und Honig kann tagsüber getrunken werden. Nach Sonnenuntergang kann man eine leichte Suppe oder eine warme Mahlzeit essen.

Kapha-Menschen können das Frühstück gerne auslassen und nur einen Ingwer- oder Kräutertee trinken. Das fällt diesen Konstitutionen nicht schwer, da sie frühmorgens nicht hungrig sind. Durch das Auslassen des Frühstücks wird Agni angeregt, wodurch das Mittagessen sehr gut verdaut werden kann. Um 11.00 Uhr kann man ein paar Früchte essen, z. B. einen geraspelten Apfel mit Zitronensaft und Honig abgeschmeckt oder einen frisch gepressten Saft. Knäckebrot oder Reiswaffeln sind auch gut.

Vor dem Mittagessen sollte man eine Prise Trikatu (Gewürzmischung aus Ingwer, langem und schwarzem Pfeffer) mit Honig zu sich nehmen. Das Mittagessen sollte so spät wie möglich gegessen werden. Dadurch kann das Abendessen ausgelassen beziehungsweise die Menge des Abendessens stark reduziert werden. Da Kapha-Naturen sehr leicht zunehmen, sollten sie, wenn möglich, auf das Abendessen verzichten oder allenfalls nur wenig und leicht essen.

Zu Mittag ist es wichtig, dass die Speisen heiß, scharf und gut gewürzt sind. Eine Hirse-Tofu-Pfanne mit Stangensellerie, Blattgemüse, Quinoa-Paprika-Kichererbsen-Eintopf mit Koriander-Chutney oder ein feines Linsen-Gemüse-Curry mit ein bisschen Reis sind ein ideales Mittagessen. Ein bisschen Rohkost hinterher ist gut und hilft bei der Verdauung. Auf die Nachspeise sollte unbedingt verzichtet werden. Ein Espresso ohne Sahne eine halbe Stunde nach dem Essen ist erlaubt.

Kapha-Naturen neigen zu Übergewicht, Diabetes, Ödemen, Sinusitis und Bronchitis und benötigen viel Schlaf.

Ideale Nahrungsergänzungsmittel: Trikatu mit Honig, Triphala, Pippali (langer Pfeffer)

Nahrungsmittel für Kapha-Konstitutionen

GEMÜSE

Gemüse eignet sich besonders gut für die Kapha-Diät. Am besten ist Gemüse mit bitterer, scharfer und harntreibender Wirkung.

Sehr gut: Wurzelgemüse, Brokkoli, Blattgemüse, Wirsing, Rettich, Radieschen, grüne Bohnen, Rosenkohl, Artischocken, Spargel, Kohlrabi, Blattsalat, Endivien, Kresse, fast alle frischen Kräuter, Paprika, Zucchini

Weniger gut: Kartoffeln, Tomaten, Auberginen, Kürbis, Süßkartoffeln, Avocado, Oliven, Gurken

GETREIDE

Kapha-Menschen vertragen Getreide, das nicht schwer, feucht und schleimlösend ist. Allerdings sollten sie Getreide nur in kleinen Mengen genießen.

Sehr gut: Roggen, Quinoa, Hirse, Buchweizen, Mais, Gerste, Reis (wenig), Kamut

Nicht empfehlenswert: Weizen, Dinkel, Hafer

HÜLSENFRÜCHTE

Hülsenfrüchte sind auf Grund des herben Geschmacks sehr gut für eine Kapha-Diät.

Sehr gut: Alle Linsen, Mung Dal, Bohnen

Weniger gut: Kichererbsen

FRÜCHTE

Früchte enthalten viel Wasser, sind leicht und aus diesem Grund für Kapha-Menschen erlaubt. Trockenfrüchte sind besser als frische Früchte. Man muss aber auf den hohen Zuckeranteil bei Trockenfrüchten aufpassen. Herbe Früchte sind gut.

Sehr gut: Äpfel, Birnen, Zitrusfrüchte, Ananas, Papayas, Granatäpfel, Trockenfrüchte, Himbeeren, Heidelbeeren, Johannisbeeren, Kirschen

Weniger gut: Melonen, Mango, Erdbeeren, Datteln

Nicht empfehlenswert: Bananen

MILCHPRODUKTE

Milchprodukte sollte man eher vermeiden und nur ab und zu genießen.

Sehr gut: Buttermilch, Molke, Ghee (wenig), Magerkäse, Ziegenmilch, Ziegenfrischkäse

Nicht empfehlenswert: Kuhmilch, Joghurt, Schlagsahne, Sauerrahm, Hartkäse

FETTE UND ÖLE

Fette und Öle sollten nur in kleinen Mengen verwendet werden.
Sehr gut: Ghee, Sesamöl, Senföl, Maisöl, Olivenöl
Weniger gut: Sonnenblumenöl
Nicht empfehlenswert: alle anderen

SÜSSMITTEL

Auf Süßmittel sollte soweit wie möglich verzichtet werden.
Sehr gut: alter Honig (mindestens sechs Monate alt), Ahornsirup, Gerstenmalz, Rohrzuckermelasse
Nicht empfehlenswert: alle anderen

GEWÜRZE

Gewürze sind sehr wichtig für die Kapha-Diät. Es sollte nur Steinsalz verwendet werden.
Sehr gut: alle außer Meersalz und zu viel Knoblauch

NÜSSE UND SAMEN

Nüsse und Samen enthalten viel Öl, sind schwer und sind aus diesem Grund für Kapha-Menschen nicht besonders gut. In kleinen Mengen kann man sie aber ab und zu essen.
Sehr gut: Sonnenblumenkerne, Kürbiskerne, Mandeln
Weniger gut: Sesam, Walnüsse,
Nicht empfehlenswert: alle anderen

Ernährung für Mischtypen

Die Ernährungsempfehlungen für Mischtypen hängen von dem dominanten Dosha ab. Ein Vata/Pitta-Typ mit einer Vata-Dominanz oder -Mehrheit sollte sich nach den Empfehlungen der Vata-Diät richten. Das bedeutet, dass die Diät aus warmen und süßen Speisen bestehen sollte.

Ein Vata/Pitta-Typ mit einer Pitta-Dominanz sollte eine Pitta-Diät befolgen. Hier sollte viel Rohkost gegessen werden und die Speisen müssen nicht unbedingt heiß sein.

Ein Vata/Kapha-Mensch sollte eine leichte Diät mit warmen oder heißen Speisen befolgen. Er sollte nur kleine Mengen essen und viel in Bewegung sein. Je nachdem, welches Dosha dominiert, sollte man sich entweder an die Ernährungsempfehlungen für eine Vata- oder Kapha-reduzierende Diät halten.

Ein Pitta/Kapha-Typ sollte schwere, üppige, salzige und zu große Mahlzeiten meiden. Ansonsten sollte er sich nach dem jeweils dominanten Dosha ernähren.

Ein Tridosha- oder Vata/Pitta/Kapha-Mensch darf alles in Maßen konsumieren. Menschen dieser Konstitution sollten sich an allgemeine ayurvedische Empfehlungen halten.

Ayurvedische Essensregeln

- Man sollte nur essen, wenn man Hunger hat und wenn die letzte Mahlzeit verdaut ist.
- Zwischen den Mahlzeiten sollten mindestens drei bis sechs Stunden liegen.
- Man sollte nur im Sitzen essen.
- Die Mahlzeiten sollen regelmäßig sein.
- Während der Mahlzeit sollte nicht gelesen werden oder der Fernseher laufen. Man sollte auf hitzige Gespräche verzichten.
- Mittags oder am frühen Nachmittag sollte die Hauptmahlzeit sein.
- Nach 18.00 Uhr nichts mehr essen.
- Der Magen sollte nur zur Hälfte gefüllt werden.
- Zu den Mahlzeiten kann man ein bisschen Saft, Tee oder Wasser in kleinen Schlucken trinken. Niemals unmittelbar nach dem Essen trinken.
- Alle sechs Geschmacksrichtungen sollten in der Hauptmahlzeit enthalten sein.

- Milch nicht zum Essen trinken, sondern immer alleine und heiß mit Gewürzen genießen. Ausnahmen sind Getreidebrei, reife Mangos, ungeschwefelte Trockenfrüchte und Nüsse.
- Abends keine Sauermilchprodukte oder Früchte essen.
- Nicht mit Honig kochen oder backen, da er Ama erzeugt.
- Eiskalte Getränke schwächen die Verdauung und sollten vermieden werden.
- Das Essen immer frisch zubereiten.
- Auf vollwertige und biologische Nahrungsmittel achten.
- Beim Kochen sollte man auf eine gelöste und fröhliche Atmosphäre achten.
- Ein glücklicher und bewusster Koch schafft glückliche und zufriedene Esser.

Die ayurvedischen Rezepte zum Entschlacken

Heisswasserkur

Einen Liter Wasser in einem Topf zum Kochen bringen und zehn Minuten köcheln lassen.

Nach dem Abkochen fünf Minuten stehen lassen, damit sich der Kalk am Boden absetzen kann.

Das Wasser in eine Thermoskanne füllen und jede halbe Stunde ein paar Schlucke davon trinken. Dabei ist es nicht so wichtig, wie viel wir davon trinken, sondern wie oft.

Durch das Abkochen verändert sich die physikalische Struktur von Wasser. Das Wasser wird süßer und weicher. Es bindet die Schlackenstoffe im Körper und leitet diese aus. Ablagerungen im Körper verschwinden dadurch.

Eine Kur sollte mindestens drei bis sechs Wochen dauern. Heißwasser ersetzt die anderen Getränke wie Tees, Leitungswasser und Säfte nicht, sondern ergänzt sie.

Man sollte das heiße Wasser so warm wie möglich trinken. Vorsicht bei Pitta, da kann man auch lauwarmes abgekochtes Wasser nehmen.

Diese Reinigungskur ist für fast alle Beschwerden geeignet. Ideal ist sie für die Beseitigung von Ama, Hautproblemen und für die Gewichtsreduzierung.

Ingwerwasser

Zwei bis drei Scheiben frischen Ingwer in einem Liter Wasser fünf Minuten kochen. In eine Thermoskanne füllen und tagsüber öfter davon trinken.

Ingwerwasser ist besonders gut für Kapha. Es hilft der Verdauung, reguliert den Kreislauf und den Fettstoffwechsel. Erhöhtes Cholesterin wird mit Ingwerwasser gesenkt. Niedrigem Blutdruck kann man mit Ingwerwasser ebenfalls gegensteuern.

Besonders gut eignet sich Ingwerwasser bei Übergewicht zur Gewichtsreduzierung, gegen Verkühlungen und fürs Entschlacken.

Vorsicht bei Pitta-Konstitution, da Ingwerwasser zusätzliche Wärme erzeugt.

Zitronen-Honig-Wasser

Zutaten:

250 ml lauwarmes Leitungswasser

½ Zitrone, ausgepresst

1 TL Honig

Zubereitung:

Alles zusammenrühren und sofort trinken. Das Wasser sollte nicht heiß sein, sondern lauwarm, da Honig nicht über 45 °C erhitzt werden sollte.

Dieses Zitronen-Honig-Wasser sollte man morgens nach dem Aufstehen trinken. Wir helfen damit unserem Körper, Schleimansammlungen auszuscheiden und Fette zu verbrennen.

Zitronen-Honig-Wasser ist ideal zum Abnehmen, speziell für Kapha-Konstitutionen. Honig gilt als Fettkiller und die Zitrone unterstützt die Leber und die Bauchspeicheldrüse.

Die besten Rasayanas oder Verjüngungsmittel

Die **Rasayanas** bauen Gewebe auf, verjüngen die Zellen, stärken das Immunsystem, spenden Vitalkraft und liefern dem Körper alle wichtigen Nährstoffe, die er braucht.
Mit unserer täglichen Ernährung können wir viele solcher verjüngend wirkenden Lebensmittel zu uns nehmen.

Rasayanas (Verjüngungsmittel) speziell für Frauen

Lebensmittel, die ein straffes Körpergewebe, Langlebigkeit, ein starkes Gedächtnis, Gesundheit, ein gutes Aussehen, Glanz und Sinne fördern und die Widerstandsfähigkeit gegen Krankheiten erhöhen:
– Karotten – Vitamin A
– Mangos – Vitamin A
– Feigen – Eisen
– Datteln – Vitamin D (das Beste gegen Osteoporose)
– Trauben – Phosphor, Kalzium (gut gegen Myome, gegen Übergewicht)
– Zitronen, Limetten – gut für die Leber, sehr reinigend
– Äpfel – pektinreich, gekocht – sehr gut für Magen, Darm und Haut
– Kokosnüsse – Kalzium, Vitamin B, kühlend, gut bei Hitzewallungen
– Mandeln – Magnesium, hochwertiges Eiweiß, gegen Krebs, bei Menstruationsbeschwerden, Nerven- und Gehirnnahrung
– Pistazien – Eisenbomben, Vitamin B
– Cashewnüsse – Vitamin B, Pantothensäure (hilft, die Nahrung besser zu absorbieren)
– Paranüsse – sehr viele Aufbaustoffe, vergleichbar mit Hühnereiweiß, eine Nuss deckt den Tagesbedarf an Selen
– Bockshornkleesamen – Vitamin B, Folsäure, wichtig während und nach der Schwangerschaft, reinigt die Milchkanäle und fördert den Milchfluss. Sehr gut für Leber, Milz, Haut, Haare und Knochen
– Dill (Grünzeug und Samen) – bei PMS, gegen Menstruationskrämpfe, gegen Kopfschmerzen und Bauchschmerzen, gegen Wechselbeschwerden und Hitzewallungen
– Muskatnuss – beruhigend, entspannend
– Nelken – blutreinigend, schmerzstillend

- Safran – reguliert die Monatsblutung, verbessert die Ausstrahlung und den Teint
- Spargel – sehr eisenreich
- Kresse (Grünzeug und Samen) – gegen Wechselbeschwerden, enthält eine östrogenähnliche Substanz
- Mung Dal – hochwertige Eiweißquelle
- Hülsenfrüchte – sehr gut gegen Wechselbeschwerden, beruhigt den Hormonhaushalt
- Ghee (feinstofflicher Träger wichtiger Substanzen)
- Honig und Gelee Royal
- Amalaki/Chyavanprash
- Shatavari – indischer wilder Spargel (fördert die Milchbildung bei stillenden Müttern, reinigt die Gebärmutter, gegen Wechselbeschwerden)
- Spirulina
- Weizengras
- Rohrzuckermelasse – sehr eisenhaltig

Rasayanas (Verjüngungsmittel) speziell für Männer

Lebensmittel, die ein straffes Körpergewebe, Langlebigkeit, ein starkes Gedächtnis, Gesundheit, ein gutes Aussehen, Glanz und Sinne fördern und die Widerstandsfähigkeit gegen Krankheiten erhöhen:
- Datteln – Vitamin D (das Beste gegen Osteoporose und Knochenschwäche)
- Mandeln – Magnesiumquelle, hochwertiges Eiweiß, krebshemmend, Nerven- und Gehirnnahrung
- Pistazien – Eisenbombe, Vitamin B
- Cashewnüsse – Pantothensäure (hilft, die Nahrung besser zu absorbieren), Vitamin B
- Muskatnuss – beruhigend, entspannend (hilft, die Nahrung besser zu absorbieren)
- Safran – bei mangelnder Spermienbildung und Unfruchtbarkeit
- Honig und Gelee Royal – stärkend, verjüngend, Aphrodisiakum, enthält Aminosäuren, zehn Vitamine und fünf Mineralstoffe
- Nelken – blutreinigend, schmerzstillend
- Amalaki/Chyavanprash – wird als beste dem Alterungsprozess entgegenwirkende Pflanze betrachtet, gleicht alle Konstitutionstypen aus
- Ashwaganda (Withania Somnifera) – ausgesprochen stärkend,

Anti-Stress-Pflanze, stärkt die Sexualkraft des Mannes, verbessert die Fruchtbarkeit beider Geschlechter und erhöht die Spermienzahl um bis zu 40 Prozent, gutes Nervenmittel

- Bochkshornklee (Samen) – reinigt Leber und Galle
- Feigen – Eisenquelle
- Linsen (alle Sorten), speziell Mung Dal – ausgezeichnete Eiweißquelle
- Milch, Joghurt, Frischkäse – Kalzium, Eiweiß, Vitamin B
- Mango – Vitamin A
- Trauben – Phosphor, Kalzium (sehr gut fürs Herz)
- Rosinen – verdauungsfördernd (sehr gut fürs Herz)
- Rohrzuckermelasse – Eisenbomben, Magnesium
- Steinsalz – neutral, wirkt nicht so erhitzend wie Meersalz
- Granatäpfel – Eisen, gegen Durchfall und Darmprobleme
- Kurkuma – blutreinigend, krebshemmend, gut für Eiweißverdauung
- Kardamom – verringert schädliche Wirkungen von Koffein (in Kaffee eingerührt) auf den Körper
- Nüsse (allgemein)- Kraftpakete, vollgestopft mit Proteinen, Magnesium, Lezithin, Selen und Zink
- Frische Kräuter – wie Petersilie, Dill, Koriander, Basilikum, Thymian (enthalten viele Mineralien und verbessern den Stoffwechsel)
- Sesam – kräftigt Zähne, Haare, Knochen, Kalziumbombe
- Ghee – das beste Fett, cholesterinsenkend, gedächtnisfördernd, belastet die Leber nicht, bindet die Schlackenstoffe und Gifte und leitet sie aus dem Körper aus, das mit Ghee zubereitete Essen ist viel bekömmlicher und schmeckt besser

Die wichtigsten ayurvedischen Gewürze

Die Gewürze spielen eine große Rolle in der ayurvedischen Küche. Sie fördern den Appetit, verbessern den Geschmack und neutralisieren manche schlechten Eigenschaften von Lebensmitteln wie beispielsweise Blähungen. Gewürze kann man auch therapeutisch einsetzen.

Kurkuma (Gelbwurz)
blutreinigend, besonders gut für die Verdauung von Eiweiß, stark krebshemmend, unterstützt Leber und Galle, wirkt antiallergen, antithrombotisch (hemmt die Blutgerinnung), in Kombination mit schwarzem Pfeffer stark entzündungshemmend und krebshemmend

Ingwer
„die universale Medizin", erwärmend, beugt der Ansammlung von Schlackenstoffen vor, hilft gegen Blähungen und Übelkeit, in Kombination mit Joghurt lindert er akuten Durchfall, gegen Halsschmerzen und Husten

Kreuzkümmel
stark blähungswidrig, verdauungsfördernd

Koriander
kühlend, schmerzlindernd, beruhigend, entzündungshemmend, hilft gegen Hautkrankheiten, kann Schwermetalle ausleiten, gegen Harnwegsbeschwerden

Bockshornklee

wärmend, gewichtsverringernd, haarwuchsfördernd, wirksames Mittel gegen Leberschwäche und Leistungsmangel, in Kombination mit Rohrzucker regt es die Bildung von Muttermilch an, senkt Blutzucker und Cholesterin, Aphrodisiakum

Fenchel

kühlend, süß, hilft gegen Magen- und Darmkoliken, sehr gut für die Milz

Asafötida

gegen Blähungen, appetitfördernd

Kardamom

allgemein beruhigend, in Kaffee gerührt, verringert Kardamom den schädlichen Effekt von Koffein, stimuliert und kräftigt das Herz und fördert das Gedächtnis

Safran

kühlend, Aphrodisiakum, regulierende Wirkung auf Periodenblutung, bei mangelnder Spermienbildung empfohlen

Nelken
wärmend, blutreinigend, schmerzlindernd und
schweißtreibend

Zimt
wärmend, süßend, regt Kreislauf und
Harnausscheidung an, blutzuckersenkend

Schwarze Senfkörner
sehr verdauungsfördernd (sollten nicht täglich
eingenommen werden)

Kalinji (schwarze Kümmelsorte)
reinigt das Blut, tötet Würmer

Ajwain (wilde Selleriesamen)
ausgesprochen blähungswidrig, darmreinigend

Basilikum

gleicht alle Konstitutionen aus, klärt den Geist, antibakteriell, besonders gut gegen Husten und Bronchitis, kräftigt das Herz und das Immunsystem

Muskatnuss

ist ein ausgezeichnetes Nerventonikum, vorausgesetzt, in ganz kleinen Mengen eingenommen (eine Messerspitze), höhere Dosierungen sind giftig, gegen Schlafstörungen, verbessert die Absorbierung von Nährstoffen im Dünndarm

Optimale Kombination und Zubereitung der Speisen

Komponenten eines vollständigen Menüs:
– Getreide ($\frac{1}{3}$)
– Gemüse ($\frac{1}{3}$)
– Eiweiß ($\frac{1}{4}$)
– Der Rest ist Flüssigkeit und Fette.

Jeden Tag sollte man mittags irgendeine Getreideart mit Gemüse nach Saison und eine Eiweißquelle wie Linsen, Milchprodukte oder Nüsse essen. Vegetarier sollten unbedingt Linsen mit Kohlehydraten mischen, da unser Körper so wichtige Aminosäuren besser aufnehmen kann.

Zum Essen sollte man wenig trinken. Immer nur lauwarme oder heiße Getränke und nichts Eiskaltes trinken.

Alle sechs Geschmacksrichtungen sollten in einem Mittagessen enthalten sein. Nur so kann man ein angenehmes Sättigungsgefühl erreichen, das lange andauert.

Milch (roh oder pasteurisiert, auf keinen Fall homogenisiert oder H-Milch) sollte man am besten immer heiß mit Gewürzen und ein bisschen Ghee trinken. Nicht mit anderen Lebensmitteln mischen, außer mit Weizen, Reis, Nüssen, Trockenfrüchten (ungeschwefelt), Chyavanprash, Mangos, Rohrzucker und Honig. Auf keinen Fall Milch mit Salz, Knoblauch, Gemüse, Fleisch oder Meeresfrüchten mischen, da so schwere Verdauungsstörungen und Schlackenstoffe verursacht werden.

Ein Klecks Joghurt oder stark verdünntes Lassi (nur im Sommer) zum Mittagessen dazu verbessert die Verdauung und die Nährstoffaufnahme.

Man muss nicht jeden Tag vier bis sechs verschiedene Gerichte kochen, um ein optimales Menü zu haben. Das Wichtigste ist, dass alle Nährstoffe in einem Menü enthalten sind. Wenn man weiß, wo man welche Nährstoffe findet, ist es leicht, ein entsprechendes Menü zusammenzustellen.

Die folgende kleine Aufzählung soll sie dabei unterstützen:
– **Eiweiß:** Milchprodukte, alle Hülsenfrüchte und Linsen, Nüsse, Kerne
– **Kohlehydrate:** Getreide, Kartoffeln, Süßkartoffeln, Kürbis
– **Vitamine, Mineralien, Ballaststoffe und Spurenelemente:** Gemüse, Obst, Kräuter, Gewürze
– **Fette:** Ghee, Öle, Milchprodukte, Nüsse, Kerne

Einige Beispiele für Speisen, die alle Nährstoffe enthalten und leicht und schnell zubereitet werden können:
– Mung-Dal-Suppe mit Gemüse und Nudeln
– Kichererbsen-Laibchen mit Salat
– Gemüse-Dinkel-Grieß-Eintopf mit Nüssen
– Hirse-Karotten-Laibchen mit Salat und Joghurt-Kokos-Raita
– Ayurvedische Lasagne mit Gemüse und Käse
– Kartoffel-Auberginen-Linsen-Schichtauflauf
– Kitchari (Reis, Dal und Gemüseeintopf)
– Gelbe Linsen mit Kartoffeln
– Gemüse-Curry mit Nussreis
– Gebratene Kartoffel-Gewürz-Nuss-Stew
– Glasiertes Buntgemüse aus dem Wok mit Tofu und Reis
– Weiße Bohnen-Sellerie-Tomaten-Suppe mit Brot
– Humus (Kichererbsen-Aufstrich) mit Brot und Rohkost
– Sesamreis mit Fisolen, Karotten und Tofu
– Paneer-Käse mit Mangold und Kartoffeln

Wenn bestimmte Lebensmittel nicht unserer Veranlagung entsprechen, können wir die schlechte Auswirkung mit entgegengesetzten Eigenschaften von Gewürzen dämpfen. Eine schwere Speise wie schweres Getreide kann man mit Ingwer, Nelken und Kardamom leichter machen.
Blähende Linsen- und Gemüsesorten wie Kohl und braune Linsen kann man mit blähungswidrigen Gewürzen wie Kreuzkümmel, Ajwain und Koriander neutralisieren.
Trockene Nahrungsmittel wie Trockenfrüchte, Getreideflocken und Bohnen kann man durch Einweichen verdaulicher machen.
Schleimige Lebensmittel wie Milch sollte man aufwärmen und mit wärmenden Gewürzen (Zimt, Nelken, Kurkuma, Anis, Ingwer) leichter machen.
Joghurt sollte man immer verdünnen, speziell als Getränk und nie am Abend verzehren.
Käse nur in ganz kleinen Mengen und in Kombination mit scharfen Gewürzen wie schwarzem Pfeffer, roter Paprika, Basilikum und Kurkuma essen.
Rohe Früchte sollte man für sich alleine oder vor dem Essen verzehren.

Masalas – Die Gewürzmischungen

Es gibt unzählige Masalas, die zu verschiedenen Gerichten passen. Sie sind die Geschmacksträger der ayurvedischen Gerichte. Die Masals kann man im Voraus zubereiten und auf fertige Gerichte streuen so wie auch Currypulver oder Garam Masala.

Besser ist jedoch, wenn man täglich frische Gewürzmischungen verwendet, je nach dem, was für ein Gericht man kocht.

Die Gewürze werden in heißem Ghee angeröstet oder „trocken" in der Pfanne ohne Zusatz von Fett (das sind am meisten die Gewürze, die man auf Vorrat macht, also man kann damit längere Zeit auskommen).

Für den täglichen Gebrauch werden sie in heißem Fett (1 bis 2 EL) geröstet. Nicht jedes Gewürz braucht die gleiche Zeit beim Rösten, deswegen ist die Masala-Zubereitung eine Kunst und benötigt Wissen über die verschiedene Art und Zusammensetzung von Gewürzen. Diese Zubereitungsart – die Gewürze anzubräunen, um ihre Aromen und Geschmäcker freizusetzen – ist weltweit einzigartig.

Es werden mal die ganzen Samen, mal grob zerstoßene und mal feine gemahlene Gewürze verwendet. Die ganze Samen brauchen beim Rösten am längsten, deswegen kommen sie zuerst in der Pfanne, dann grob zerstoßene (im Mörser) und zuletzt Gewürzpulver. Frischer Ingwer kommt zum Schluss und muss auch einige Sekunden angeröstet werden; dadurch verliert er seine Schärfe und wird angenehm süß-scharf.

Die Masalas kann man am Anfang von Gerichten zubereiten, indem man in einem Topf Ghee erhitzt, darin zuerst die Gewürze anröstet und dann darauf Gemüse oder Reis gibt und anschließend noch Wasser. Andersherum kann man z. B. ein Linsengericht nur in Wasser fertig kochen und separat in einem kleinen Topf oder in einer kleinen Pfanne die Gewürze in Fett anrösten und zum Schluss hineingeben. Dafür eignen sich besonders die Gerichte, in denen Linsen vorkommen.

Curry-Pulver

Zutaten:

1 EL Fenchelsamen

2 EL Kreuzkümmelsamen

6–8 Stück Nelken

1 EL schwarze Senfsamen

1 TL schwarze Pfefferkörner

1 TL Bockshornkleesamen

1 EL Kurkuma Pulver

Zubereitung:

Eine schwere Pfanne erhitzen und alle Gewürze außer Kurkuma hineingeben. So lange anrösten und ständig rühren, bis die Gewürze eine dunkelbraune Farbe angenommen und ein angenehmes nussiges Aroma entwickelt haben (ca. 2 bis 3 Minuten).

Abkühlen lassen und in der Kaffeemühle so fein wie möglich mahlen. Mit Kurkuma vermischen und in einem Glas mit Deckel aufbewahren.

Diese Gewürzmischung ist fertig und sollte nicht nochmals angeröstet werden, sondern zum Schluss zu den Speisen gegeben werden.

Garam Masala

Zutaten:

2 EL Kreuzkümmelsamen

2 Zimtstangen
(mehrmals gebrochen)

10 Stück Nelken

4 EL Koriandersamen

1 TL schwarze Pfefferkörner

10 Stück grüne Kardamomkapseln

Zubereitung:

Alle Gewürze in einer Pfanne so lange rösten, ständig schwenken und umrühren, bis sie dunkelbraun geworden sind und sich frische, geröstete Aromen entwickelt haben. Das ist nach ca. 2 bis 3 Minuten der Fall. Abkühlen lassen und in einer elektrischen Kaffeemühle so fein wie möglich mahlen. In einem Glas mit gut abschließendem Deckel aufbewahren.
Diese Gewürzmischung ist schon fertig und sollte nicht nochmals mit anderen Gewürzen angeröstet werden, sondern kommt nur zum Schluss zu den Speisen.

Einführung Rezepte

Die ursprüngliche Ayurveda-Küche ist yogisch und laktovegetarisch. Das bedeutet, sie ist für Menschen gedacht, die sich geistig und spirituell entwickeln und Erfolg haben wollen. Deswegen werden in den Rezepten dieses Kochbuchs weder Zwiebel noch Knoblauch verwendet, da sie unseren Geist abstumpfen und die Sinne reizen. Es gibt eine Vielfalt von Gewürzen, und wenn man die Speisen gekonnt kombiniert und würzt, fällt es nicht auf, dass die Zwiebelgewächse fehlen. Kochen nach Ayurveda ist ein spirituelles Ritual, bei dem man das Göttliche preist. Der Schöpfer gibt uns die Früchte der Natur und wir danken ihm, bevor wir die Speisen zu uns nehmen. Deswegen sollte man mit Bedacht und sauber kochen und die Speisen während des Kochens nicht probieren. Erst nachdem wir ein Gebet oder ein Mantra gesprochen haben und die Speisen fertig am Tisch stehen, sollten wir das Essen zu uns nehmen. Auf diese Weise haben wir genug Verdauungskraft, um es gut zu verdauen. Wir schärfen unsere Sinne und das Essen wird spiritualisiert.

Sich so zu ernähren, kann viel Positives bewirken, etwa heilende Wirkung und positiven Einfluss auf unsere Gedanken, weil Geist und Intelligenz von der feinsten Essenz der Nahrung genährt werden. Und wir wissen, dass fast alle Krankheiten psychosomatisch bedingt sind. Schon Hippokrates sagte:

„Die Nahrung ist deine Medizin, und Medizin ist deine Nahrung."

Frühstück

❧ Frischer Kornbrei als Frühstück ❧

1. Ayurveda-Klassiker —

⚜ Frischer Kornbrei als Frühstück ⚜

Das Frühstück – es sollte warm und nahrhaft sein. Es gilt: Für Vata und Pitta verwendet man ein bisschen mehr Ghee und schwere Getreidesorten wie Weizen, Dinkel und Hafer. Für Kapha nimmt man leichteres Getreide und Pseudogetreide wie Hirse, Mais, Quinoa, Amaranth und Gerste. Reis ist in allen Varianten gut, nur auf die Menge kommt es an.

Brei ist entschlackend, beruhigend und reguliert gleichzeitig die Verdauung. Er nährt und erneuert alle sieben Körpergewebe, gibt Energie und stärkt die Vitalkraft, in Ayurveda „Ojas" genannt.

Frühstücksbrei wird immer mit Wasser zubereitet, weil er leicht verdaulich sein soll. Die Ausnahme ist, wenn der Brei verjüngen und aufbauen soll.

Er wird dann „Rasayana" genannt, diese Sorten sind am besten für Vata- und Pitta-Typen geeignet. Sie sind besonders empfehlenswert nach einer „Panca Karma Kur" (Reinigungskur) und bauen langsam neues Gewebe auf. In diesem Fall macht man einen Grießbrei oder Flockenbrei mit Milch. Dabei lassen wir die frischen Früchte weg und nehmen nur ungeschwefelte Trockenfrüchte.

Getreide-Flockenbrei

1 Person

Zutaten:

*70 ml Vollkornflocken – Dinkel, Weizen, Gerste, Hirse, Hafer
oder Reis*

*1 Apfel – geschält und
in kleine Stücke geschnitten*

1 TL Ghee

*1–2 EL Rohrzucker, Ahornsirup oder
Gerstenmalz*

*1 EL Rosinen oder andere
Trockenfrüchte – die Früchte kann
man auch weglassen*

*Gewürze nach Belieben:
Zimt, Nelkenpulver, Ingwer, Kardamom,
Safran, Anis oder Kokosraspeln – nicht
alle auf einmal ca. 350 ml Wasser oder
nach Bedarf*

Zubereitung:

Apfelstücke in ein bisschen Ghee anrösten, Gewürze dazugeben und mit Wasser aufgießen. Alles zusammen aufkochen lassen, dann die Flocken dazugeben und ca. 5 Minuten kochen, bis ein dicker Brei entsteht. Zum Schluss noch Zucker einrühren.

Anstatt der Flocken kann man auch Vollkorngrieß nehmen. Wichtig ist, nur Biogetreide zu verwenden.

Geschroteter Getreidebrei

1 Person

Man kann alle Getreidesorten verwenden. Am besten geeignet sind Kamut, Dinkel, Hafer, Hirse und Reis. Das Getreide sollte man grob mahlen. Es sollte ein bisschen gröber sein als Grieß.

Zutaten:

50 ml geschrotetes Getreide

300 ml Wasser

1 EL Rosinen oder andere Trockenfrüchte wie Marillen, Datteln oder Feigen

1–2 EL Rohrzucker oder Ahornsirup oder Gerstenmalz

1 TL Ghee

1 Prise Zimt- oder Kardamompulver

1 Apfel, Birne oder andere Früchte, klein geschnitten

Zubereitung:

Das Wasser zum Kochen bringen, Getreide langsam dazugeben und gleichzeitig mit einem Schneebesen gleichmäßig rühren, damit sich keine Klumpen bilden. Jetzt die Früchte dazugeben und ca. 5 Minuten langsam köcheln lassen. Zum Schluss Ghee, Zucker und die Gewürze hinzufügen.

Man kann die Früchte separat andünsten oder daraus ein Mus machen und zum Brei servieren.

Milchprodukte

Eine einzigartige Verbindung
aus Kalzium, Eiweißen und Vitaminen

2. Milchprodukte

Eine einzigartige Verbindung
aus Kalzium, Eiweißen und Vitaminen

Milch ist nach Ayurveda ein besonderes Lebensmittel. Sie enthält alles, was unser Körper braucht. Das sind Eiweiß, Vitamine und viele Mineralien, besonders Kalzium. Milch ist eine Energiebombe. Man muss mit ihr respektvoll umgehen. Wenn man krank ist, sollte man keine Milch trinken, weil wir sie dann nicht gut verdauen können.

Eine kleine Tasse warme Gewürzmilch am Abend mit ein paar Tropfen Ghee ist ein Heilmittel. Sie nährt unsere Gehirnzellen, Nerven und das Knochengewebe.

Milch soll nicht homogenisiert oder ultrastark erhitzt werden. Am besten ist Rohmilch oder pasteurisierte Milch. Milch von Bioqualität schmeckt nicht nur besser, sie hat auch eine feinstofflich positive Wirkung.

Milch sollte man immer so warm wie möglich trinken. Kalte Milch ist schwer verdaulich und verursacht übermäßige Schleimproduktion.

Gute Kombinationen sind:
– Milch mit Gewürzen wie Safran, Ingwer, Zimt, Muskatnuss, Kardamom
– Milch mit Nüssen (am besten mit Mandeln)
– Milch mit getrockneten Früchten (ungeschwefelt)
– Milch mit Weizen
– Milch mit Mango
– Milch mit Ghee und Rohrzucker

Schlechte und fast unverdauliche Kombinationen sind:

– Milch mit Eiern
– Milch mit Salz
– Milch mit Knoblauch
– Milch mit tierischem Eiweiß
– Milch mit Gemüse und Obst

Hausgemachter Käse-Paneer

Zutaten:

2,5 l Milch
ca. 5 EL Zitronensaft oder
250 ml Joghurt oder eine Prise Zitronensäure

Zubereitung:

Die Milch erhitzen, dabei ab und zu umrühren. Ein Sieb mit zwei Lagen Käsetuch oder einem Küchentuch auslegen und auf ein Gefäß setzen, um darin die Molke aufzufangen. Wenn die Milch kocht, den Topf von der Flamme nehmen und ein Gerinnungsmittel (Zitrone) einrühren. Sofort trennt sich Paneer (Eiweiß) von der klaren, gelbgrünen Molke. Den Paneer im Käsetuch auffangen, ein Tuch um das Paneer wickeln und mithilfe eines Gewichts für einige Zeit auspressen (ca. 1 Stunde). Man erhält so 250 g Paneer.

Paneer kann man für Aufstriche, Reis und Subjis verwenden, entweder natur oder gebraten. Die übrige Molke kann man für Suppen, Getränke oder Reis verwenden.

Hausgemachtes Joghurt

Zutaten:

2 l Milch
50 ml Naturjoghurt (mindestens 3,6 Fett)

Zubereitung:

Die Milch in einem Topf zum Kochen bringen und die Flamme ausschalten.
Die Milch auf 45 °C abkühlen lassen. Falls man kein Thermometer hat, kann man auch eine Fingerprobe machen: Die Milch sollte gerade heiß genug sein, dass man einen Finger für 10 Sekunden hineinhalten kann, ohne sich zu verbrennen. Joghurt in die Milch gleichmäßig mit einem Schneebesen einrühren. Den Topf gut zudecken und mit zwei Küchentüchern umwickeln. 6 bis 8 Stunden nicht bewegen oder abdecken.
Nach 6 bis 8 Stunden ist das hausgemachte Joghurt fertig. Man muss es unbedingt vom Metalltopf in eine Plastik-, Glas- oder Keramikschüssel umfüllen, weil Joghurt mit Edelstahl eine giftige chemische Verbindung entstehen lässt.

3 bis 5 Tage kann man hausgemachtes Joghurt gut zugedeckt im Kühlschrank aufbewahren.

Ghee – Das beste Fett

Ghee ...
– ist frei von Laktose
– ist frei von Salz
– fördert die Verdauung
– belastet die Leber nicht, sondern kräftigt sie
– ist nicht erhitzend wie andere Öle, sondern kühlend
– hält die Gelenke geschmeidig
– schmiert die Darmwände von innen
– stärkt das Gedächtnis
– hilft bei fast allen Krankheiten
– senkt die Cholesterinwerte
– ist reich an Vitamin A
– hat die Struktur der Lipidmembranen unserer Zellen und kann so bei der
    Absorption von Nährstoffen wie Vitaminen und Mineralien helfen
– bindet die Abfall- und Schlackenstoffe im Körper und leitet sie aus
– ist ein Anti-Aging-Mittel
– ist Nerven- und Gehirn-Food
– ist äußerlich anwendbar bei Hautkrankheiten und Verbrennungen
– erhöht die Vitalkraft im Körper
– stärkt das Immunsystem
– hilft gegen Husten
– hilft bei Anämie
– stärkt Augen, Nase und Haut.

Etwas Ghee mit warmer Milch getrunken, beseitigt jede Verstopfung. In der Medizin ist es die wichtigste Trägersubstanz für verschiedene Heilkräuter, damit deren Wirkung in tiefes Gewebe gelangen kann.

Ghee ist ein guter Fänger freier Radikale und gilt deshalb als verjüngendes Mittel. Natürlich sollte man zurückhaltend damit umgehen, wie mit allen Fetten und Ölen. 1–2 TL am Tag (zum Kochen) genügen.

Hausgemachtes Ghee – Das beste Fett

Zubereitung:

Eine beliebige Menge Sauerrahm- oder Süßrahmbutter (immer Bioqualität) bei mittlerer Hitze in einem schweren Topf erwärmen, bis kleine Schaumbläschen an die Oberfläche steigen. Butterschaum mit einem Löffel vorsichtig abschöpfen und in einem Gefäß sammeln. Butter auf niedrigster Flamme weiterköcheln lassen und den aufsteigenden Schaum abschöpfen. Auf keinen Fall anbrennen lassen, Sie sollten die Butter immer wieder von der Flamme wegnehmen und kurz, etwa eine Minute lang, ausruhen lassen.

Zum Schluss ist der Ghee so goldfarben und klar, dass man den Topfboden deutlich sehen kann. Durch ein feines, mit Küchenpapier, Filter oder Küchentuch ausgelegtes Sieb filtern. In einem Edelstahlbehälter auskühlen lassen. Ungekühlt wie auch gekühlt lange haltbar.

Bei 500 g Butter bekommt man ca. 380 g Ghee, für die Herstellung braucht man 20 bis 30 Minuten.

Hausgemachte Buttermilch und Butter

Zubereitung:

500 ml Joghurt in einer Küchenmaschine so lange schlagen oder quirlen, bis sich an der Oberfläche eine gelbliche Masse und unterhalb eine dünne grünliche Flüssigkeit gebildet haben. Oben ist Butter, unten Buttermilch.

Die Butter vorsichtig mit einem Löffel in eine Keramikschüssel abschöpfen und die Buttermilch in eine separate Kanne geben. Beide sind ca. 3 Tage im Kühlschrank haltbar.

Suppen

※ Für die Seele ※

3. Suppen

⟨ Für die Seele ⟩

Suppen sind ein Geschenk für Körper und Seele, egal, ob klar, cremig oder mit Beilagen. Suppen kann man als Vorspeise zum Mittagessen oder als Abendessen zu sich nehmen.

Suppen liefern Feuchtigkeit, wärmen, sie stärken und tonisieren Darm und Nervensystem.

Cremige Suppen eignen sich am besten im Winter und für Vata-Typen, die kräftigeren Suppen mit Einlagen sind gut für Pitta-Typen. Klare, leichte Brühen mit vielen Kräutern sind ideal für Kapha-Typen.

Mit Suppen kann man gut fasten. Sie verhindern, dass sich Kälte im Körper ausbreitet wie bei beim herkömmlichen Fasten. Trotzdem werden Schlackenstoffe verbrannt. Magen- und Darmschleimhäute werden auf sanfte Art regeneriert und die Verdauung wird wiederhergestellt.

Die beste Suppe zum Entschlacken ist dünne Kitchari-Suppe aus geschältem Mung Dal und Reis.

Rote-Linsen-Karfiolsuppe

2–4 Personen

Zutaten:

100 g rote Linsen

½ Karfiol *(Blumen Kohlsarte)*

2 Karotten oder gelbe Rüben

2 Kartoffeln

½ grüne oder rote Paprika

1 TL frisch geriebener Ingwer

1 Messerspitze Asafötida

½ TL Kurkuma

½ TL Korianderpulver

½ TL Kreuzkümmelpulver

½ Limette, ausgepresst

1 TL Salz

100 ml Kokosmilch

1 TL Ghee

1 EL frischer Koriander,
fein geschnitten

¾ l Wasser

Zubereitung:

Rote Linsen waschen und aufkochen lassen. Den sich bildenden Schaum abschöpfen.

Gemüse waschen und klein schneiden. Karotten und Kartoffeln hinzufügen und 10 Minuten köcheln lassen.

Karfiol und Paprika dazugeben und weitere 10 Minuten köcheln lassen.

In einem separaten Topf Ghee erhitzen und die Gewürze darin anrösten.

Die fertige Masala zum Dal-Gemüse-Eintopf geben.

Zum Schluss Salz, Kokosmilch, frischen Koriander und Limettensaft dazugeben. Kurz aufkochen lassen.

Wurzel-Gemüsecreme-Suppe

2–3 Personen

Zutaten:

¼ Selleriewurzel

1 Karotte

1 Kartoffel

2 EL Schlagsahne oder Sojasahne

1 EL Olivenöl

½ TL Salz

1 Prise Pfeffer

Gewürzmischung:

1 Messerspitze Asafötida

½ TL Kurkuma

½ TL Koriander

frische Kräuter (Petersilie, Dill oder Koriander)

1 Prise trockener Liebstöckel

Zubereitung:

Olivenöl heiß werden lassen, Gemüse eine Minute anrösten, alle Gewürze außer den frischen Kräutern dazugeben und weitere 30 Sekunden anrösten.
Circa ½ l Wasser darübergießen und ca. 25 Minuten kochen lassen.

Zum Schluss Schlagsahne, frische Kräuter, Salz und Pfeffer unterrühren und mit dem Stabmixer fein pürieren.

Mung-Dal-Gerste-Gemüsesuppe

2–4 Personen

Zutaten:

100 g Mung Dal
1 Fenchel
1 Karotte
3 Blätter Mangold
2 EL Gerstenkörner
½ TL Kreuzkümmelpulver
½ TL Korianderpulver
½ TL Bockshornkleepulver
1 Prise Asafötida
1 TL Kurkuma
1 TL Salz
1 TL frischer Ingwer (gerieben)
½ Zitrone, ausgepresst
¾ l Wasser
1 TL Ghee

Zubereitung:

Mung Dal und Gerste waschen und mit 1 Liter Wasser aufkochen lassen. Den sich bildenden Schaum abschöpfen und ca. 10 Minuten köcheln lassen.
Karotten und Fenchel klein schneiden und dazugeben. Weitere 15–20 Minuten köcheln lassen.
Mangold gut waschen, klein schneiden und dazugeben.
In einem separaten kleinen Topf Ghee erhitzen, die Gewürzpulver und den frischen Ingwer anrösten. Die Masala zum Dal-Gerste-Gemüse-Eintopf dazugeben.

Zum Schluss mit Salz und Zitronensaft abschmecken.

TIPP:

Diese Suppe eignet sich hervorragend fürs Fasten,
Entschlacken und zur Reinigung.
Sie ist besonders gut für Kapha.

Quinoa-Gemüsesuppe

2–4 Personen

Zutaten:

2 Karotten

¼ Sellerieknolle

Bohnen ½ Becher Fisolen oder grüne Erbsen

½ Kohlrabi

2 EL Quinoakörner

¼ TL Thymian

½ l Kurkuma

1 Prise Asafötida

½ TL Korianderpulver

½ TL Liebstöckel oder Salatkräuter

2 EL Olivenöl

1 Prise schwarzer Pfeffer

1 TL Salz

¾ l Wasser

2 sehr klein geschnittene Tomaten

Zubereitung:

Gemüse waschen und klein schneiden. Quinoa mit warmem Wasser gut waschen.

Olivenöl in einem Topf erhitzen und die Gewürze dazugeben, ein wenig anrösten. Das geschnittene Gemüse (alles außer Tomaten) hinzufügen und auf kleiner Flamme weitere 2 Minuten anrösten.

Jetzt Wasser daraufgießen und Quinoa dazugeben und das Ganze ca. 20 Minuten köcheln lassen. Tomaten hineingeben und weitere 5 Minuten köcheln lassen.

Zum Schluss noch Salz und frische Kräuter dazugeben.

Rote-Rüben-Kartoffel-Dillsuppe

2–4 Personen

Zutaten:

2 Stück rote Rüben,
geschält und geschnitten

2 Stück Kartoffeln,
geschält und geschnitten

1 Messerspitze Asafötida

½ l Kurkuma

1 Lorbeerblatt

½ TL Korianderpulver

1 TL Salatkräuter oder
Liebstöckel, trocken

1 EL frischen Dill, fein geschnitten

½ Zitrone oder Limette, ausgepresst

1 TL Salz

¼ Tl schwarzer Pfeffer, gemahlen

¾ l Wasser

100 ml Sauerrahm mit 1 EL Mehl oder
Stärke, klumpenfrei verrührt

1 TL Ghee

Zubereitung:

Ghee in einem Topf erhitzen lassen, rote Rüben und alle Gewürze (außer Salz) mit anrösten.

Mit 1 Liter Wasser aufgießen und zugedeckt ca. 25 Minuten köcheln lassen.

Kartoffeln dazugeben und weitere 20 Minuten köcheln lassen.

Lorbeerblatt herausnehmen, Salz, Zitronensaft, alle Kräuter und Sauerrahm mit Mehl hineingeben und klumpenfrei verrühren.

2 Minuten aufkochen lassen und mit Stabmixer glatt pürieren.

Weiße-Bohnen-Sellerie-Tomatensuppe

2–4 Personen

Zutaten:

100 g weiße Bohnen (Kidney-Bohnen gehen auch), über Nacht eingeweicht
⅓ Sellerieknolle
2 Selleriestangen
2 Karotten
1 Pastinake oder Petersilienwurzel
2 EL Tomatenmark
1 TL Kalonjisamen (schwarzer Kümmel), gemahlen
1 TL Mutterkümmel, gemahlen
1 Lorbeerblatt
⅓ TL Majoran

½ TL Kurkuma
1 Messerspitze Asafötida
½ TL Korianderpulver
1 TL Salz
¼ TL schwarzer Pfeffer
1 TL Rohrzucker
1 TL Ghee
1 EL Olivenöl
frische Kräuter – Basilikum oder Petersilie
1 l Wasser

Zubereitung

Weiße Bohnen waschen und 20 Minuten köcheln lassen, dann abtropfen.
Ghee erhitzen und die Gewürze darin anrösten, klein geschnittenen Sellerie, Karotten und Pastinake dazugeben und 1 Minute anrösten.
Mit Wasser aufgießen und Bohnen dazugeben. Alles zusammen ca. 35 bis 40 Minuten köcheln lassen (bis die Bohnen weich sind).

Zum Schluss Tomatenmark, Olivenöl, frische Kräuter, Rohrzucker, Salz und Pfeffer dazugeben, kurz aufkochen lassen.

Wurzel-Gemüse-Ingwersuppe

2–4 Personen

Zutaten:

2 Becher Wurzelgemüse, geschält und
geschnitten – Pastinake,
Petersilienwurzel, Sellerieknolle, Karotte, Kartoffeln

1 EL frisch geriebener Ingwer

½ TL Kreuzkümmel, grob zerstoßen

½ TL Koriander, grob zerstoßen

1 TL trockener Liebstöckel

½ TL Kurkuma

1 Messerspitze Asafötida

100 ml Sojasahne (oder Schlagsahne) mit 1 EL
Mehl oder Stärke, klumpenfrei verrührt

1 Lorbeerblatt

1 l Wasser

1 TL Salz

¼ TL schwarzer Pfeffer, gemahlen

1 TL Ghee

frische Kräuter nach Belieben

Zubereitung:

Ghee in einem Topf erhitzen. Grob zerstoßene Kreuzkümmel- und Koriandersamen darin anrösten, bis sie braun geworden sind.
Wurzelgemüse und andere Gewürze (alle außer Salz) und Ingwer dazugeben und alles zusammen 1 Minute anrösten.
Wasser hineingießen und 25 Minuten köcheln lassen.
Jetzt Sojasahne mit Mehl dazugeben und mit einem Schneebesen klumpenfrei verrühren, Lorbeerblatt herausnehmen.

Zum Schluss Salz und frische Kräuter hinzufügen und alles mit Stabmixer pürieren.

Gemüse-Kokosmilchsuppe

2–4 Personen

Zutaten:

2 Kartoffeln,
geschält und klein geschnitten

2 Karotten, geschält und
klein geschnitten

¼ Karfiol,
in kleine Röschen geschnitten

50 g grüne Erbsen (kann entfallen)

1 TL frisch geriebener Ingwer

½ rote Paprika

1 TL Koriandersamen,
grob zerstoßen

1 Messerspitze Asafötida

½ TL Kurkuma

¼ TL Ajwainsamen,
grob zerstoßen

100 ml Kokosmilch

1 TL Salz

½ Zitrone, ausgepresst

1 EL frische Kräuter, fein geschnitten –
Koriander, Petersilie oder Dill

1 Prise schwarzer Pfeffer, gemahlen

ca. 1 l Wasser

1 TL Ghee

Zubereitung:

Ghee in einem Topf erhitzen und grob zerstoßene Koriander- und Ajwainsamen hinzufügen und ein paar Sekunden gut anrösten, bis sie braun geworden sind.
Jetzt das Gemüse dazugeben und mit dem übrigen Gewürzpulver anrösten (Asafötida, Kurkuma), frischen Ingwer mitrösten.
Mit Wasser aufgießen und ca. 25 Minuten köcheln lassen.

Zum Schluss Kokosmilch, Zitronensaft, Salz, Pfeffer und frische Kräuter hinzufügen und alles fein pürieren. Fertig!

Rote Gemüsesuppe

4 Personen

Zutaten:

2 rote Rüben, geschält und
in kleine Würfel geschnitten

⅛ Weißkraut, klein geschnitten

2 Karotten, geschält und
in Würfel geschnitten

2 Kartoffeln, geschält und
in Würfel geschnitten

100 ml Tomaten, passiert

1 EL Dill, fein gehackt

1 EL Sauerrahm, verquirlt

1 TL Ghee

2 Messerspitzen Asafötida

½ TL Kurkuma

1 TL Salatkräuter, getrocknet

½ TL Liebstöckel, getrocknet

1 ½ TL Salz

⅓ TL schwarzer Pfeffer

1 l Wasser

Zubereitung:

In einem Topf Ghee erhitzen, rote Rüben dazugeben und kurz anrösten. Asafötida, Kurkuma, Salatkräuter und Liebstöckel für einige Sekunden mit anrösten.
Mit Wasser aufgießen und zugedeckt 20 Minuten köcheln lassen.
Das übrige Gemüse hineingeben (außer Tomaten) und weitere 20 Minuten köcheln lassen.

Zum Schluss Salz, Pfeffer, Tomatensaft, Sauerrahm und frischen Dill dazugeben und kurz aufkochen. Fertig!

Hokkaido-Kürbis-Mung-Dal-Cremesuppe

4 Personen

Zutaten:

¼ Hokkaido-Kürbis

3 EL Mung Dal,
geschält und gespalten

1 TL Liebstöckel, getrocknet

½ TL Kurkuma

1 TL Koriander, gemahlen

2 Messerspitzen Asafötida

1 Prise schwarzer Pfeffer

1 EL frischen Koriander, fein gehackt

½ Zitrone, ausgepresst

50 ml Schlagsahne (kann entfallen)

700 ml Wasser

1 TL Salz

1 TL Ghee

Zubereitung:

Hokkaido-Kürbis waschen, entkernen und in grobe Stücke schneiden.
Mung Dal waschen und ½ Stunde in Wasser bedeckt stehen lassen.
In einem Topf Ghee erhitzen und darin Koriander, Kurkuma und Asafötida kurz
anrösten, Kürbis dazugeben und kurz mit anrösten. Jetzt Mung Dal, Wasser und
Liebstöckel hineingeben und aufkochen lassen. Halb zudecken und ca. 30 Minu-
ten köcheln lassen.

Zum Schluss Salz, Pfeffer, Zitronensaft, Schlagsahne und frischen Koriander hineingeben und alles fein pürieren. Nochmals kurz aufkochen und sofort servieren.

Reisgerichte

⊰ Kleines Korn – Große Wirkung ⊱

4. Reisgerichte

⚜ Kleines Korn – Große Wirkung ⚜

Reis ernährt mehr Menschen als jedes andere Getreide. Er ist leichter als Weizen und Hafer und vielseitiger als jede andere Getreidesorte.

Aus Reis kann man Pulaos, Laibchen, Aufläufe, Palatschinken, einfache Beilagen oder süße Puddings machen. Reis als Grundnahrungsmittel enthält viele essenzielle Aminosäuren und in Kombination mit Linsen, Milchprodukten oder Nüssen kann der Körper dieses pflanzliche Eiweiß gut verwerten.
Basmatireis ist der König aller Reissorten. Er wird aufgrund seines Aromas und Duftes am meisten geschätzt. Basmatireis ist kühlend und ideal im Sommer sowie für Pitta-Typen.
Vollkornreis ist sehr erdig und schwer zu verdauen. Er wird nur empfohlen, wenn man gesund ist und eine starke Verdauung hat.
Reisnudeln sind leichter als Weizen- oder Dinkelnudeln und schmecken hervorragend.
Reismehl wird für Puddings, Kuchen und Palatschinken verwendet. Am besten ist, wenn man selbst Reiskörner zu Hause mahlt. Wenn man keine Getreidemühle hat, kann man eine kleine Kaffeemaschine benutzen.

Wir beschreiben in diesem Buch eine einfache und schnelle Methode für das Kochen von Reis. Dafür muss man den Reis waschen, mindestens 20 bis 30 Minuten abtropfen lassen und in wenig Ghee anrösten, bis der Reis glasig wird. Dann gießen wir Wasser hinein und geben Salz dazu, einmal umrühren, zudecken und 15 Minuten köcheln lassen, ohne dass man dazwischen ruhrt (sonst verbrennt der Reis).

Wenn man keine Zeit hat, den Reis nach dem Waschen abtropfen zu lassen, sollte man ihn direkt aus der Packung trocken in Ghee anrösten. Der nasse Reis zerfällt und klebt beim Anrösten und ist daher nicht geeignet für diesen Kochvorgang. Der braune Reis muss nicht angeröstet werden, ihn gibt man einfach in das heiße Wasser, mit oder ohne Salz, und lässt ihn ohne Rühren köcheln, bis der Reis das ganze Wasser aufgenommen hat und zartweich geworden ist (ca. 25 Minuten).

Wenn man dem Reis ein paar Stücke Gemüse, Nüsse oder Linsen hinzufügt, bekommt man ein köstlich abgerundetes, leichtes und nahrhaftes Mittagessen.

Basmatireis Natur

3–4 Personen

Zutaten:

200 ml Basmatireis
390 ml Wasser
½ TL Salz
1 TL Ghee

Zubereitung:

Es empfiehlt sich, Basmatireis zu waschen. Wenn man es eilig hat, kann man auch ungewaschenen Reis nehmen.

Wenn man Reis wäscht, sollte man ihn unbedingt gut abtropfen lassen (mindestens 20 Minuten). Der Reis sollte völlig trocken sein. Sonst zerfällt er beim Anrösten, was keinen allzu schönen Anblick gibt.

Das Ghee in einem Topf mit dickem Boden erhitzen. Basmatireis hinzufügen und ca. 2 Minuten unter ständigem Rühren langsam anrösten.

Wenn die Körner glasig werden, sollte man Wasser dazugießen und salzen. Einmal umrühren, sodass sich das Salz gleichmäßig verteilen kann, und gut zudecken. (Der Deckel muss perfekt passen.)

Circa 12 bis 15 Minuten köcheln lassen und nicht mehr umrühren (sonst verbrennt der Reis). Der Reis sollte zum Schluss zart und locker sein und das ganze Wasser aufgenommen haben. Am besten lässt man den Reis noch 10 Minuten zugedeckt ausruhen (von der Flamme wegnehmen).

Pushpanna
(Blumenreis mit
Nüssen und Gemüse)

3–4 Personen

Zutaten:

1 Becher Basmatireis

1 ½ Becher Wasser

*1 Becher Mixgemüse – Brokkoli,
Karotten, Sellerie, Zucchini*

1 Hand voll geröstete Cashewnüsse

4 Kardamomkapseln

4 Nelken

TL gemahlener Koriander

½ TL Kurkuma

1 Prise Asafötida

*1 Auberginen, in Würfel geschnitten
und angeröstet (kann entfallen)*

1 TL Ghee

2 TL Salz

Zubereitung:

Das Ghee in einem Topf erhitzen. Gewürzsamen anrösten, Reis hinzufügen und ca. 2 Minuten anrösten.
Gewürzpulver dazugeben und anrösten.
Wasser, Gemüse und Salz hineingeben und zugedeckt aufkochen lassen. Circa 12 bis 15 Minuten köcheln lassen und nicht umrühren.

Zum Schluss geröstete Cashewnüsse und Auberginen unterrühren und zugedeckt 10 Minuten ausruhen lassen.

Zitronen-Basmatireis

4 Personen

Zutaten:

250 ml Basmatireis
1 TL Ghee
7 Curry- oder Limettenblätter
½ TL Kurkuma
2 EL Zitronensaft
1 TL Salz
480 ml Wasser

Zubereitung:

Den Reis 3-mal waschen und in einem Sieb abtropfen lassen.

Das Ghee in einem Topf auf mittlerer Flamme erhitzen und Curryblätter kurz anrösten.

Den Reis hinzufügen, 2 Minuten lang auf kleiner Flamme anrösten, dann Kurkuma dazugeben und einige Sekunden weiter anrösten.

Anschließend Wasser und Salz hinzufügen, einmal umrühren, zudecken und den Reis aufkochen lassen. 12 Minuten auf kleiner Flamme zugedeckt kochen lassen (nicht umrühren, sonst verbrennt der Reis).

Den Reis weitere 5 bis 10 Minuten ruhen lassen und erst dann abdecken, mit Zitronensaft übergießen und servieren.

Pikanter Basmatireis mit Grillauberginen und gerösteten Cashewnüssen

3–4 Personen

Zutaten:

200 ml Basmatireis

390 ml Wasser

1 TL Ghee – für den Reis

1 Auberginen,
klein (würfelig) geschnitten

100 g geröstete Cashewnüsse

1 TL Korianderpulver

½ TL Kurkuma

1 Messerspitze Asafötida

½ TL Garam-Masala

1 EL Rosinen (kann entfallen)

2 EL frischer Koriander,
fein geschnitten

1 Prise Chilipulver

⅓ TL Paprikapulver

1 TL Salz – für den Reis

⅓ TL Salz – für Auberginen
und Cashewnüsse

Sonnenblumenöl zum Frittieren

Zubereitung:

Ghee in einem Topf erhitzen und Basmatireis ca. 2 Minuten anrösten.

Wasser und Salz hineingießen, einmal vorsichtig umrühren und zugedeckt ca. 12 bis 15 Minuten köcheln lassen. Beiseitestellen.

Sonnenblumenöl erhitzen und Auberginenstücke 2 Minuten goldbraun frittieren. Gut abtropfen lassen.

Jetzt Auberginen, Cashewnüsse, Salz, Paprikapulver, Chili, Koriander, Garam-Masala, Asafötida, Kurkuma und Rosinen vermischen und vorsichtig in den Reis einrühren.

Reis mit Tomaten, Paprika und Pinienkernen

3–4 Personen

Zutaten:

200 ml gewaschener und trocken
abgetropfter Basmatireis – als Ersatz
geht auch Arborio- oder Langkornreis

2 Tomaten, sehr klein geschnitten

1 rote oder grüne Paprika,
klein geschnitten

50 g Pinienkerne

1 Messerspitze Asafötida

½ TL Kurkuma

1 TL Salz

2 EL frische Kräuter nach Belieben –
Basilikum, Dill, Petersilie

1 TL Ghee

350 ml Wasser

1 Prise schwarzer Pfeffer

Zubereitung:

Die Pinienkerne in der Pfanne mit ein bisschen Olivenöl kurz anrösten und beiseitestellen.

Das Ghee in einem Topf erhitzen und den Reis dazugeben.

Circa 2 Minuten anrösten und dann Asafötida und Kurkuma hinzufügen und ein paar Sekunden anrösten.

Das Wasser hineingießen, Tomaten, Paprika, Salz und Pfeffer dazugeben und einmal umrühren. Zudecken ca. 12 bis 15 Minuten köcheln lassen, bis der Reis das ganze Wasser aufgenommen hat.

Zum Schluss den Reis unabgedeckt 10 Minuten ruhen lassen und dann die frischen Kräuter und Pinienkerne vorsichtig unterheben.

Safranreis mit Mandeln und Zuckerschoten

2–3 Personen

Zutaten:

200 ml Basmatireis

390 ml Wasser oder Molke

70 g Mandeln, ganz,
geschält und geröstet

⅛ TL Safranfäden,
im Mörser zu Pulver zerstoßen

1 TL Salz

150 g Zuckerschoten,
in Julienne-Streifen geschnitten

1 Messerspitze Asafötida

4–5 Nelken

1 Lorbeerblatt

1 TL Ghee

Zubereitung:

Ghee in einem Topf erhitzen, Reis, Nelken, Asafötida und Lorbeerblatt dazugeben und 2 Minuten glasig anrösten. Wasser oder Molke hineingießen. Salz, Zuckerschoten und Safranpulver dazugeben und einmal vorsichtig umrühren. Zudecken und ca. 12 bis 15 Minuten auf kleiner Flamme köcheln lassen. Beiseitestellen und 10 Minuten ruhen lassen.

Jetzt abdecken, Nelken und Lorbeerblatt herausnehmen und geröstete Mandeln vorsichtig unterheben.

Sesamreis mit Fisolen, Karotten und Tofu

4 Personen

Zutaten:

200 ml Basmatireis (als Alternative gehen auch andere Reissorten)

250 g frische Fisolen oder grüne Bohnen, klein und diagonal geschnitten

2 Karotten, in Stäbchen geschnitten

3 EL Sesam Natur (als Ersatz kann man Sonnenblumenkerne nehmen)

380 ml Wasser

1 TL Ghee

1 TL Salz

1 Messerspitze Asafötida

½ TL Kurkuma

½ TL Korianderpulver

½ TL Garammasala

½ Zitrone, ausgepresst

100 g Räucher-Tofu, in Würfel geschnitten

Zubereitung:

Den Tofu in der Pfanne ein bisschen anrösten, bis er goldbraun ist, Sesam dazugeben und weitere 2 Minuten anrösten. Beiseitestellen.

Das Ghee in einem Topf erhitzen, Reis dazugeben und ca. 2 Minuten langsam anrösten (dabei ständig rühren).

Jetzt Asafötida, Koriander und Kurkuma dazugeben und ein paar Sekunden anrösten. Wasser hineingießen, Salz und Gemüse dazugeben und einmal umrühren. Gut zudecken und ohne umzurühren ca. 15 Minuten köcheln lassen.

Zum Schluss Tofu, Sesam, Garam-Masala und Zitronensaft unterheben und den Reis 10 Minuten zugedeckt ruhen lassen.

Basmatireis-Pulao mit Karfiol und Joghurtmasala

3–4 Personen

Zutaten:

200 ml Basmatireis

350 ml Wasser

120 ml Joghurt Natur

2 Becher Karfiol, klein geschnitten

2 EL Kokosraspeln

1 EL frischer Ingwer, fein geraspelt

1 EL frische Kräuter –
Petersilie oder Koriander

½ TL Kurkuma

⅓ TL braune Senfkörner

⅓ TL Kreuzkümmel

3 grüne Kardamomkapseln

1 TL Ghee

2 EL Sonnenblumenöl

1 TL Salz – für den Reis

½ TL Salz – für Joghurt und Karfiol

Zubereitung:

Sonnenblumenöl in einem Wok erhitzen und Karfiolröschen darin goldbraun anrösten. Beiseitestellen.

Kokosraspeln, Joghurt, frische Kräuter, Kurkuma, Salz und frischen Ingwer gut verrühren. Karfiol dazugeben.

Ghee in einem Topf erhitzen, Senfkörner und Kreuzkümmel darin kurz anrösten, bis die Senfkörner an den Deckel springen und grau geworden sind.

Basmatireis hinzufügen und weitere 2 Minuten glasig anrösten.

Wasser, Salz und Kardamomkapseln dazugeben und zugedeckt 12 Minuten köcheln lassen. Die Joghurt-Masala-Karfiol-Mischung vorsichtig unterheben und zugedeckt weitere 3 bis 4 Minuten köcheln lassen. Beiseitestellen und 10 Minuten unabgedeckt ruhen lassen.

Vollkornreis mit braunen Linsen und Gemüse

4–5 Personen

Zutaten:

200 ml brauner Reis

50 ml braune Linsen

2 Karotten, geschält und in Stifte geschnitten

1 rote Paprika, in Streifen geschnitten

100 g Hokkaido-Kürbis oder Süßkartoffeln, klein geschnitten

550 ml Wasser – für den Reis

100 g Jungspinat, in Streifen geschnitten

1 Messerspitze Asafötida

½ TL Kurkuma

1 TL Koriandersamen, grob zerstoßen

½ TL Bockshornkleepulver

1 Chilischote, klein geschnitten

½ TL Garam-Masala

1 TL Salz

⅓ TL schwarzer Pfeffer, gemahlen

1 TL Ghee

2 EL Olivenöl

Zubereitung:

Vollkornreis waschen und abtropfen lassen.

In einem Topf Ghee erhitzen und Koriander, Asafötida, Kurkuma, Bockshornklee und Chili kurz anrösten. 500 ml Wasser mit Salz hineingießen und aufkochen lassen.

Den Reis hinzufügen und zugedeckt ca. 25 bis 35 Minuten auf kleiner Flamme und gut zugedeckt köcheln lassen. Wenn der Reis gar ist, sollte er das ganze Wasser aufgenommen haben und weich sein.

Inzwischen Kürbis, Paprika und Karotten kurz in Salzwasser dämpfen (ca. 5 Minuten), Spinatstreifen dazugeben und weitere 2 Minuten dämpfen. Das Gemüse gut abtropfen lassen und beiseitestellen. Braune Linsen mit 1 TL Salz und 1 Liter Wasser separat ca. 20 bis 30 Minuten kochen, bis sie gar sind. Gut abtropfen lassen.

Wenn alle drei Zutaten (Reis, Gemüse und Linsen) gar sind, mischt man sie vorsichtig zusammen und gibt Olivenöl, Pfeffer und Garam-Masala dazu.

Linsen und Hülsenfrüchte

❧ Die kleinen, runden Eiweißspender ❧

5. Linsen und Hülsenfrüchte

◈ Die kleinen, runden Eiweißspender ◈

Linsen, Bohnen und Dal (geschälte und gespaltene Linsen) zählen gemeinsam mit Getreide zu den wichtigsten Grundnahrungsmitteln weltweit. Sie sind eine ausgezeichnete Quelle für pflanzliches Eiweiß und enthalten viele wichtige Mineralien. Man findet auch Spurenelemente wie Eisen, Magnesium, Kalium, Phosphor sowie Vitamine des A-, E- und B-Komplexes in ihnen. In Kombination mit Kohlehydraten wie beispielsweise Getreide liefern sie dem Körper alle essenziellen Aminosäuren, also solche, die der Körper selbst nicht produzieren kann.

Geschälte Bohnen oder Linsen sind bekömmlicher als ungeschälte. Die besten Linsen oder Dal sind Mung Dal (geschälte und gespaltene Mung-Bohnen), die ausgezeichnet schmecken und eine sehr gute Wirkung auf den menschlichen Körper haben. Mung Dal ist entschlackend und aufbauend, bläht nicht und reinigt den Körper. In ungeschälter Form sind sie grün, geschält haben sie eine wunderschöne goldgelbe Farbe. Die Rezepte in diesem Buch beziehen sich immer auf geschälte Mung-Bohnen.

Die Linsen haben herben oder adstringierenden Geschmack, was auch gewichtsreduzierend wirkt. Das macht Linsen zu einer idealen Nahrung, wenn man abnehmen will.

Wir essen meistens viel zu wenig und zu selten Bohnen oder Linsen. Ayurveda empfiehlt je nach Konstitution bzw. für Vegetarier mindestens fünf Mal pro Woche Linsen zu essen. Vata-Typen sollten Linsengerichte immer mit Gewürzen essen, die gegen Blähungen wirken. Außerdem sollte den Linsengerichten ein Schuss Zitronensaft hinzugefügt werden. Für Pitta- und Kapha-Typen sind Linsengerichte ideal.

Alu Channa Dal
(Gelbe Linsen mit Kartoffeln)

4 Personen

Zutaten:

150 ml Chana Dal – gespaltene und geschälte Kichererbsen

1 Zimtstange

2 Kartoffeln, geschält und gewürfelt

1 TL Fenchelsamen

1 TL Koriandersamen

1 TL frischer Ingwer

½ TL Kurkuma

1 Prise Asafötida

frischer Zitronensaft von ½ Zitrone

1 TL Salz

frische Kräuter nach Belieben

Zubereitung:

Den Dal drei Mal waschen und in einen schweren Kochtopf mit ¾ l Wasser geben.

Das Wasser zum Kochen bringen und den sich bildenden Schaum abschöpfen. Circa 10 Minuten köcheln lassen, danach Kartoffeln und Zimtstange dazugeben und weitere 20 Minuten köcheln lassen. In der Zwischenzeit in einem kleinen Topf 1 TL Ghee erhitzen und grob zerstoßenen Koriander und Fenchelsamen darin anrösten. Danach Ingwer, Kurkuma und Asafötida dazugeben und auch ein wenig anrösten. Die fertige Masala jetzt zum Dal geben und mit Salz, Zitronensaft und frischen Kräutern verfeinern.

Fertig!

Warmer Linsen-Gemüsesalat

3–4 Personen

Zutaten:

200 g braune Linsen, mindestens für 1–2 Stunden eingeweicht

2 Karotten, geschält und in Stifte geschnitten

⅓ Sellerieknolle, geschält und in Stifte geschnitten

½ rote Paprika, klein geschnitten

1 Fenchel, klein geschnitten

1 TL Tomatenmark

½ TL Basilikum, getrocknet

⅓ TL Thymian, getrocknet

1 Messerspitze Asafötida

⅓ TL Kurkuma

⅓ TL schwarzer Pfeffer

⅓ TL rotes Paprikapulver, edelsüß

½ TL Mutterkümmel, gemahlen

4 TL Olivenöl

4 EL milder Balsamicoessig oder 1 Zitrone, ausgepresst

1 TL Rohrzucker

1 ½ TL Salz

2 EL frische Kräuter nach Belieben

2 EL Sesamöl, kalt gepresst

Zubereitung:

Die braunen Linsen aus dem Einweichwasser abgießen, gut waschen und in einem Topf mit 1 l Wasser auf die Flamme stellen. Köcheln, bis die Linsen sehr weich, aber nicht zerkocht sind (ca. 30 Minuten). Kalt abspülen und abtropfen lassen. Das Gemüse waschen und in Stifte schneiden. In einem Wok 2 El Sesamöl erhitzen und das Gemüse darin goldbraun anbraten (oder kurz dämpfen).

In einem Topf Olivenöl erhitzen und Kurkuma, Asafötida, Paprika und Kümmel für einige Sekunden anrösten, dann Tomatenmark dazugeben und weitere 10 Sekunden anrösten.

Linsen und Gemüse hineingeben und gut mit dem Tomatenmark vermengen.

Balsamico, frische Kräuter, Salz, Zucker, Pfeffer, Basilikum und Thymian dazugeben. Fertig!

Diesen Salat kann man warm oder kalt genießen.

Sambar-Dal-Ofengemüseeintopf

3–4 Personen

Zutaten:

200 g Chana Dal – geschälte und
gespaltene Kichererbsen (2 Stunden
eingeweicht oder über Nacht)

¼ Hokkaido-Kürbis

1 rote Paprika

1 Auberginen

1 Zucchini

3 Tomaten

1 Zitrone, ausgepresst

2 EL frischer Koriander, fein gehackt

1 Zimtstange

1 TL Koriandersamen, grob zerstoßen

½ TL Kreuzkümmelsamen, grob zerstoßen

½ TL schwarze Senfkörner

½ TL Bockshornklee gemahlen

3 Messerspitzen Asafötida

1 TL Kurkuma

½ TL schwarzer Pfeffer

1 EL Ghee

1 TL Salz

½ l Wasser

100 ml Kokosmilch (kann entfallen)

Zubereitung:

Chana Dal in einem Topf mit 700 ml Wasser zum Kochen bringen. Kochen, bis die Linsen gar sind (ca. 30–40 Minuten). Kalt abspülen und abtropfen lassen. Backofen auf 250 °C aufheizen.

Das Gemüse waschen. Auberginen und Hokkaido-Kürbis nicht schälen, in 3 cm große Stücke schneiden und auf ein Blech geben. Salzen (½ TL) mit etwas Olivenöl betropfen und in den vorgeheizten Ofen (auf 250 °C) stellen. Circa 15 Minuten backen.

Zucchini in dicke Scheiben und Paprika in Würfel schneiden, zum Backgemüse geben und weitere 7 Minuten backen.

Tomaten in Würfel schneiden und die Kerne entfernen.

Einen großen Topf mit 1 EL Ghee erhitzen, die Senfkörner hineingeben, zudecken und warten, bis sie zu springen aufhören.Sofort die Kreuzkümmeln und Koriandersamen dazugeben und anrösten.

Danach Zimtstange, Kurkuma, Asafötida und Bockshornklee für ein paar Sekunden mitrösten.

Das Wasser und die gekochten Linsen und die Tomaten dazugeben und ca. 15 Minuten köcheln lassen. Zum Schluss noch gebackenes Gemüse mit frischen Koriander, Zitronensaft, Salz und Pfeffer dazugeben und vorsichtig umrühren.

Moussaka —
Kartoffel-Auberginen-Linsen-Schichtauflauf

6–8 Personen

Zutaten:

1 kg Kartoffeln

100 g braune Linsen

2 große Auberginen,
in Scheiben geschnitten

2 Zucchini, länglich geschnitten

2 EL Tomatenmark oder
200 ml Tomaten, passiert

50 g Parmesankäse, gerieben

50 g Sonnenblumenkerne
zum Streuen

1 TL Paprika, edelsüß

1 TL Kümmel, gemahlen

2 EL Ghee

3 EL Olivenöl

1 TL Salz für die Kartoffeln

⅔ TL Salz – für die Linsen

1 TL Koriander, gemahlen

½ TL Oregano

½ TL Basilikum

⅓ TL Thymian

1 Messerspitze Asafötida

½ TL Kurkuma

1 TL Salatkräuter

1 Chili, klein geschnitten

1 TL Rohrzucker

Béchamelsauce:

3 EL Olivenöl

2 EL Mehl

½ Becher Schlagsahne

400 ml Wasser

⅔ TL Salz

¼ TL schwarzer Pfeffer

Zubereitung:

1 EL Ghee in einer Pfanne erhitzen und ca. 4–5 Auberginenscheiben gleichzeitig ungefähr 1 Minute scharf darin anbraten (beide Seiten).

Zucchini auf die gleiche Weise anrösten. Gut abtropfen lassen.

Braune Linsen in ca. 700 ml Wasser weich kochen lassen (ca. 25 Minuten). Gut abtropfen lassen.

1 kg Kartoffeln mit der Schale weich kochen, schälen und in Scheiben schneiden. Mit 3 EL Olivenöl, 1 TL Salz, Chili, Paprika und Kümmel vorsichtig verrühren.

In einem Topf 1 TL Ghee erhitzen, um darin Koriander, Kurkuma und Asafötida anzurösten. Basilikum, Thymian, Oregano, Salatkräuter und Tomatenmark hinzufügen und 1 Minute anrösten. Weich gekochte Linsen und 100 ml Wasser hinzufügen und 10 Minuten köcheln lassen. Zum Schluss Salz, Pfeffer und Zucker dazugeben und zur Seite stellen.

Für die Béchamel-Sauce 3 EL Olivenöl in einem Topf erhitzen und das Mehl dazugeben. 1–2 Minuten auf kleiner Flamme anrösten. Schlagsahne mit Wasser vermischen und in den Topf gießen. Die Masse sofort mit einem Schneebesen schnell rühren, damit sich keine Klumpen bilden. 2/3 TL Salz dazugeben und ständig weiterrühren bis Béchamelsauce aufgekocht ist. Beiseite stellen.

So wird Moussaka zubereitet:

1 tiefe Auflaufform (ca. 20 x 30 cm) gut mit Olivenöl bepinseln.

1 Schicht Kartoffelscheiben (ein Drittel der Kartoffeln) gleichmäßig in die Form füllen, dann die Hälfte der Auberginen und der Zucchini dazugeben und ein bisschen salzen. Danach die Hälfte des Linsenragouts hinzufügen und mit ⅓ des Parmesans bestreuen.

Im nächsten Schritt alles wiederholen: also Kartoffeln (⅓), Auberginen und Zucchini (½), Linsenragout (½) und Parmesan (⅓). Das letzte Drittel der Kartoffeln auf den Auflauf schichten und mit der Béchamelsauce übergießen. Zum Abschluss den Auflauf mit dem übrigen Parmesan und den Sonnenblumenkernen bestreuen.

30 Minuten bei 180°−200°C backen.

Ayurveda-Klassiker –
Kitschari Reis-, Dal- und Gemüseeintopf

Kitschari ist der wohl bekannteste Ayurveda-Klassiker. Egal, ob er zum Frühstück, Mittagessen oder bei verschiedenen Reinigungs- und Ausleitungskuren gekocht wird, Kitschari ist immer köstlich.

Dieser Eintopf aus Getreide, Dal und Gemüse enthält alle Nährstoffe, die unser Körper braucht. Die Zusammensetzung aus Eiweiß, Kohlehydraten, Mineralien, Vitaminen und Spurenelementen macht ihn zu einer perfekten Speise. Kitschari ist einfach und schnell zuzubereiten, da er nur eine halbe bis Dreiviertelstunde braucht. Wenn man dazu etwas Salat reicht und Joghurt mit ein paar frischen Kräutern und Salz verrührt, erhält man ein großartiges Mittagessen!

Es gibt unzählige Kitschari-Rezepte, man variiert einfach die Zutaten, die man zu Hause hat. So kann man zum Beispiel statt Mung Dal auch Chana Dal, rote Linsen, oder Toor Dal (gelbe Linsen) verwenden. Reis kann man durch Gerste, Hirse, Buchweizen oder Quinoa ersetzen.

Kitchari 1 – Mit Buntgemüse

3–4 Personen

Zutaten:

50 g Mung Dal – gelbe Linsen

70 g Basmatireis

1 Tasse geschnittenes Gemüse –
Karotten, Brokkoli, Paprika

1 EL Ghee

ca. ¾ l Wasser

1 TL Salz

frische Kräuter nach Belieben

½ Zitrone, ausgepresst

Gewürzmischung:

½ TL Kreuzkümmelsamen,
grob zerstoßen

½ TL Kurkumapulver

½ TL Korianderpulver

½ TL Bockshornkleepulver

1 Messerspitze Asafötida

ein bisschen frischen geriebenen Ingwer

½ TL schwarzer Pfeffer

1 Zimtstange

Zubereitung:

Dal und Reis gemeinsam gut waschen und mit der Zimtstange in ¾ l Wasser aufkochen lassen. Den Schaum abschöpfen und 15 Minuten köcheln lassen. Gemüse nach Kochdauer dazugeben. Zuerst die Arten, die länger kochen müssen dazugeben, wie Karotten oder Fisolen, und 10 Minuten auf kleiner Flamme kochen lassen. Kitchari nicht zudecken, die Linsen neigen dazu, überzukochen.

Öfter umrühren. Gemüse mit kurzer Garzeit wie Karfiol oder Zucchini jetzt dazugeben.

In einem kleinen Topf Ghee erhitzen und darin den Kreuzkümmelsamen anrösten, bis er braun wird. Die anderen Gewürze und den frischen Ingwer hineingeben und weitere 5–10 Sekunden anrösten.

Die fertige Masala in den Topf mit Reis, Dal und Gemüse geben und mit Salz, Kräutern und Zitronensaft abrunden. Fertig!

TIPP 1: *frischen Spinat grob schneiden und zum Schluss dazumischen*
TIPP 2: *Kartoffeln im Ofen backen und zum Schluss dazugeben*
TIPP 3: *ein bisschen Kokosmilch dazugeben*

KAPHA: Reis sollte man ab und zu durch Hirse, Quinoa oder Buchweizen ersetzen.

„Kitschari" enthält alle lebensnotwendigen Nährstoffe. Es ist reich an Eisen, B-Vitaminen und hochwertigem Eiweiß. Da es stark darmtonisierend wirkt, ist es ist für alle Konstitutionstypen sehr zu empfehlen.

Kitchari 2 – Mit Spinat und Kartoffeln

3 Personen

Zutaten:

50 g Mung Dal	1 TL Kurkuma
50 g Basmatireis – oder Langkorn- oder Rundkornreis	1 Messerspitze Asafötida
	½ TL Ajwainsamen, grob zerstoßen
200 g Spinatblätter	1 EL frischer Ingwer, fein gerieben
2 Kartoffeln	1 EL Ghee
1 TL Koriandersamen, grob zerstoßen	1 TL Salz
½ TL Bockshornkleepulver	1 Prise schwarzer Pfeffer
½ TL Garam Masala	1 halbe Zitrone, ausgepresst

Zubereitung:

Spinatblätter waschen, gut abtropfen lassen und in grobe Streifen schneiden. Kartoffeln schälen, waschen und würfelig schneiden.

Mung Dal und Basmatireis gut waschen und in einem Topf mit 500 ml Wasser aufkochen lassen. Den Schaum wegschöpfen und ohne Deckel 10 Minuten köcheln lassen.

Kartoffeln dazugeben und weitere 20 Minuten kochen. Bei Bedarf immer wieder ein wenig Wasser hinzufügen. Öfter umrühren.

In einer kleinen Pfanne Ghee erhitzen und Korindersamen und Ajwainsamen anrösten, bis sie braun werden. Kurkuma, Asafötida und Ingwer für ein paar Sekunden mitrösten und die fertig angeröstete Masala in den Eintopf geben.

Grob gehackte Spinatblätter, Salz, Pfeffer, Garam Masala und Zitronensaft hineingeben und weitere 5 Minuten köcheln, bis der Eintopf eingedickt ist.

Am besten mit Rohkost und einem Klecks Joghurt servieren.

Kitchari 3 –
Pulaoreis, Dal und Gemüse aus dem Wok

4 Personen

Zutaten:

50 g gelbe Chana Dal Linsen –
oder andere gelbe Linsen (am besten
über Nacht, mindestens aber eine
Stunde in Wasser eingeweicht)

100 ml Basmatireis

¼ Hokkaido-Kürbis

1 rote Paprika

½ Brokkoli

1 Stück Fenchel

2 Tomaten, klein geschnitten

3 EL Sojasauce

2 EL Sesam

1 TL Ghee

2–3 EL Sesamöl, kalt gepresst

1 TL Salz

1 TL Koriander, gemahlen

½ TL Kurkuma

2 Messerspitzen Asafötida

1 TL Currypulver, mild

⅓ TL schwarzer Pfeffer

2 EL frische Kräuter nach Belieben, fein geschnitten

Zubereitung:

Chana Dal waschen und in ½ l Wasser so lange kochen, bis die Linsen weich sind.
Kalt abspülen, abtropfen lassen und ein wenig salzen.

Basmatireis gut waschen und mindestens 20 Minuten abtropfen lassen. In einem
Topf 1 TL Ghee erhitzen und den trockenen Reis darin 2 Minuten anrösten, bis er
glasig ist. 190 ml Wasser darauf gießen, salzen, einmal umrühren und zugedeckt
15 Minuten köcheln lassen. Der Reis sollte zum Schluss das ganze Wasser aufge-
saugt haben und locker körnig sein. Von der Flamme wegnehmen und 10 Minuten zugedeckt ruhen lassen.

Hokkaido-Kürbis waschen und in dünne kleine Streifen schneiden.
Paprika und Fenchel waschen und auch in Streifen schneiden.
Brokkoli waschen und in kleine Röschen schneiden.
Tomaten waschen und klein schneiden.

In einem Wok 2–3 EL Sesamöl erhitzen und das Gemüse (außer Tomaten) darin zugedeckt ca. 10 Minuten scharf anbraten und immer wieder umrühren. Koriander, Kurkuma, Pfeffer, Sesam und Asafötida kurz mitrösten und mit Sojasauce ablöschen. Tomaten dazugeben und weitere 5 Minuten zugedeckt köcheln lassen. Zum Schluss Reis, Dal, Pfeffer, Currypulver und frische Kräuter dazugeben und sanft unterrühren. Dazu passen Salat und Fladenbrot.

Gemüsegerichte

-֍ Gekocht, gedünstet, gebraten ֍-

6. Subjis-, Currys-Gemüsegerichte

❧ Gekocht, gedünstet, gebraten ❧

Gemüse ist ein Begriff für eine Vielzahl von Lebensmitteln. Allein die Farben, Formen, Gerüche und Aromen überwältigen uns, und Sie werden über die vielen Einsatzmöglichkeiten überrascht sein. Die ayurvedische Kochkunst kennt Hunderte verschiedener Gemüsegerichte und Zubereitungsarten, die keine Wünsche offen lassen.

Gewürze heben den Geschmack von Gemüse hervor. Egal, ob gedünstet, gebacken, gedämpft oder kurz im Wok gebraten, auf richtige Art zubereitet schmeckt

Gemüse immer hervorragend. Die Rezepte in diesem Buch zeigen uns, welche Gewürze zu welchen Gemüsesorten passen und wie man es köstlich zubereitet. In Kombination mit Getreide, Linsen oder Nüssen gehört Gemüse zu einer guten ayurvedischen Mahlzeit.

Die ursprünglichen Gemüsegerichte wurden Subjis genannt. Später, als Indien eine englische Kolonie war, wurde aus Subji Curry. Beide Bezeichnungen stehen für ein Gemüsegericht.

Durch die Zugabe von Kokosmilch, wenig Schlagsahne oder Joghurt wird ein Subji sehr cremig. Im Ofen gebacken wird Gemüse sehr pikant und etwas gehaltvoller. Durch das Dünsten oder Dämpfen wird ein Curry sehr leicht und bekömmlich. In Kombination mit Paneer wird ein Curry substanzvoller und mit vielen frischen Kräutern wie Koriandergrün etwas herber.

Frisches Gemüse sollte man nie mit Tiefkühlkost vergleichen. Obwohl die Vitamine auch in Tiefkühlgemüse enthalten sind, die Prana oder substanzielle Vitalkraft ist nicht mehr vorhanden. Deswegen sollte man so oft wie möglich frisches Gemüse in Bioqualität kaufen. Konventionelles Gemüse ist immer besser als tiefgefrorenes. Im Geschmack gibt es keinen Vergleich zu frischem Gemüse.

Gemüse wirkt vielseitig heilend auf den Körper. Artischocken sind beispielsweise unterstützend für die Leber. Spargel ist blutbildend. Kartoffeln sind basisch. Kürbis und Süßkartoffeln wirken aufbauend auf Körpergewebe. Spinat und Mangold reinigen Blut und Leber und beugen Krebs vor. Karotten sind sehr gut für die Augen. Rote Rüben sind blutbildend. Alle Gemüsesorten sind cholesterinsenkend.

Buntes Gemüse-Subji in Kokosmilch

4 Personen

Zutaten:

2 Kartoffeln, klein geschnitten

100 g Kürbis, klein geschnitten

100 g Brokkoli, klein geschnitten

½ rote Paprika und
1 kleines Stück frischen Ingwer in einer
Küchenmaschine zu einer
Paste zermahlen

100 ml Kokosmilch

1 TL Kreuzkümmel, grob zerstoßen

1 TL Koriander, grob zerstoßen

½ TL Kurkuma

1 Prise Asafötida

1 EL Ghee

1 TL Salz

Zubereitung:

Ghee in einem Topf erhitzen, Gewürzsamen dazugeben, 30 Sekunden anrösten, bis die Kreuzkümmel braun geworden sind.

Kürbis und Kartoffeln hinzufügen, danach Gewürzpulver und Ingwer-Paprika-Paste dazugeben und weitere 30 Sekunden anrösten.

Mit wenig Wasser ablöschen und 15 Minuten köcheln lassen. Brokkoli dazugeben und nochmals 5 Minuten kochen. Jetzt mit Kokosmilch und Salz abschmecken.

Je nach Belieben kann man gekochte Kichererbsen oder gebratenen, selbst gemachten Käse (Paneer) dazugeben. Die Gemüsemischung ist je nach Saison verschieden.

Fisolen-, Karotten- und Paprika-Subji

3–4 Personen

Zutaten:

200 g grüne Bohnen (Fisolen)

1–2 Karotten

1 rote Paprika

2 EL Poppy Samen (weiße Mohnsamen)

200 g Joghurt

1 TL geraspelten Ingwer

8–10 Curryblätter oder 1 Lorbeerblatt

1 Prise Muskatnuss

½ TL Kreuzkümmel

1 Messespitze Asafötida

1 TL Kurkuma

½ TL Salz

1 EL Ghee

1 Prise Chili

Zubereitung:

Fisolen, Karotten und Paprika waschen und in Streifen schneiden.

Ghee aufwärmen, Kreuzkümmel anbraten, danach Ingwer und Curryblätter anrösten. Gemüse dazugeben und mit 150 ml Wasser zugedeckt 20 Minuten köcheln lassen. Inzwischen weiße Mohnsamen mahlen und gut mit Joghurt und Chili vermischen. Zum Schluss alles zusammen verrühren und mit Salz und Muskat abschmecken.

Süsskartoffeln-, Spinat- und Paneer-Subji

4 Personen

Zutaten:

500 g Spinat, gewaschen,
gut abgetropft und grob geschnitten

500 g Süßkartoffeln,
geschält und geschnitten

100 g Paneer (hausgemachter Käse)
(s. Seite 60)

1 TL Ghee

1 TL gemahlener Koriander

½ TL Bockshornklee, gemahlen

1 TL Kurkuma

1 Prise Asafötida

100 ml Schlagsahne

1 TL Salz

100 ml Wasser

Zubereitung:

Das Ghee in einem Kochtopf auf mittlerer Flamme erhitzen und die Gewürze
darin anrösten. Süßkartoffeln dazugeben
und weitere 2 Minuten anrösten. Wasser
darauf gießen und ca. 15 Minuten köcheln lassen.

Inzwischen Paneer-Käse klein würfeln
und goldbraun in der Pfanne anbraten.
Wenig salzen.

Spinat dazugeben und noch 3 Minuten
köcheln lassen.

Zum Schluss Sahne, Paneer und Salz hinzufügen und vorsichtig aufkochen lassen.

Kartoffel-Gewürz-Nuss-Stew

4 Personen

Zutaten:

1 kg festkochende Kartoffeln

70 g Cashewnüsse oder Mandeln, geschält und geröstet

2 EL Kokosraspeln

2 TL Urad Dal, geschälte Version

1 TL schwarze Senfkörner

2 Chilischoten, fein geschnitten

2 Messerspitzen Asafötida

2 TL Ghee

1 Zitrone, ausgepresst

2 Lorbeerblätter

1 Prise Muskatnuss, gemahlen

1 ½ TL Salz

Zubereitung:

Die Kartoffeln im Topf kochen, bis sie gar sind. Gut mit kaltem Wasser abspülen und auskühlen lassen. Die Kartoffeln schälen und in 0,5 cm dicke Scheiben schneiden.

In einem Wok das Ghee erhitzen, die Senfkörner dazugeben und solange zugedeckt lassen, bis sie nicht mehr springen. Urad Dal dazugeben und für ein paar Sekunden anrösten, bis der Dal eine goldene Farbe annimmt.

Chilischoten, Ingwer, Lorbeerblätter, Kokosraspeln und Asafötida dazugeben und ein paar Sekunden anrösten.

Kartoffeln hinzufügen und ca. 4–5 Minuten anrösten.

Zum Schluss noch Salz, Muskatnuss und Zitronensaft darüber gießen. Fertig!

Glaciertes buntes Gemüse aus dem Wok mit Tofu und Sojasauce

4–6 Personen

Zutaten:

2 Karotten, geschält und
in Stifte geschnitten

1 Bund Mangold,
in Streifen geschnitten

100 g Sojasprossen

100 g Zuckerschoten oder grüne
Bohnen, in 2,5 cm lange Stangen
geschnitten

1 rote oder gelbe Paprika,
in Streifen geschnitten

1 Zucchini, in dünne,
diagonale Scheiben geschnitten

½ Brokkoli, in kleine Röschen zerteilt

150 g Räuchertofu oder Tofu Natur,
in Streifen geschnitten

1 ½ TL Koriandersamen, grob zerstoßen

½ TL Kreuzkümmel, gemahlen

2 Messerspitzen Asafötida

1 EL frischer Koriander, fein geschnitten

80 ml Sojasauce

1 EL Tomatenmark

1 TL Maisstärke

100 ml Wasser

1 TL Salatkräuter (Majoran, Petersilie,
Dill, Estragon, Liebstöckel, getrocknet)

1 TL Chilisauce, süß-sauer

2 EL Sesamöl

1 EL Sonnenblumenöl

Zubereitung:

Karotten, Zuckerschoten/grüne Bohnen und Brokkoli kurz in wenig Wasser dämpfen.

Den Tofu in einer Pfanne in ein wenig Sonnenblumenöl braten. Zur Seite stellen.

Tomatenmark mit Sojasauce, Maisstärke, Wasser, Chilisauce und Salatkräutern verrühren, bis Masse ohne Klumpen ist.

In einem Wok Sonnenblumenöl erhitzen und Koriandersamen darin braun anrösten. Asafötida und gemahlenen Kreuzkümmel dazugeben und kurz anrösten.

Mangold, Sojasprossen und Zucchini für ca. 2–3 Minuten im Wok anrösten. Jetzt die Soja-Maisstärke-Mischung hineingießen und vorsichtig aufkochen lassen. Dabei ständig rühren.

Gedämpfte Karotten, Zuckerschoten, Brokkoli, Sesamöl, frischen Koriander und Tofu dazugeben und kurz aufkochen lassen. Das Gemüse sollte einen feinen glacierten Überzug haben und schön glänzen.

Karfiol- und Kartoffel-Subji

4 Personen

Zutaten:

1 kleiner Karfiol,
in Röschen geschnitten

2–3 Kartoffeln, würfelig geschnitten

1 TL frisch geriebener Ingwer

⅓ TL Kreuzkümmelsamen

⅓ TL schwarze Senfkörner

1 Messerspitze Asafötida

½ TL Kurkuma

½ TL Koriander, gemahlen

½ TL Garam Masala

1 TL Salz

½ Zitrone, ausgepresst

1 EL frische Kräuter fein geschnitten –
Petersilie oder Koriander

1 TL Ghee

ca. 150 ml Wasser

Zubereitung:

Ghee in einem Topf erhitzen und Senfkörner dazugeben. Den Topf zudecken und warten, bis die Körner nicht mehr springen. Die Flamme ganz zurückschalten, Kreuzkümmelsamen hineingeben und anrösten, bis sie braun geworden sind. Jetzt die gut abgetropften Kartoffelwürfel hineingeben und kurz anrösten.

Ingwer, Koriander, Kurkuma und Asafötida dazugeben und ein paar Sekunden mit den Kartoffeln anrösten. Jetzt das Wasser hineingießen, den Topf zudecken und 10 Minuten köcheln lassen.

Karfiolröschen dazugeben und weitere ca. 10 Minuten zugedeckt weiterköcheln, bis das Gemüse gar ist. Es ist wichtig, dazwischen nicht zu oft umzurühren, weil dadurch das Gemüse sehr schnell zerfällt. Falls das Wasser schon verdampft ist, noch ein bisschen dazugeben.

Zum Schluss Garam Masala, Salz, Zitronensaft und frische Kräuter dazugeben, kurz umrühren und aufkochen lassen. Die Flamme ausschalten und zugedeckt 10 Minuten ruhen lassen.

Ofengemüse-Curry

4 Personen

Zutaten:

2 Auberginen,
in große Würfel geschnitten

2 Zucchini,
in dicke Scheiben geschnitten

3 Kartoffeln,
geschält und in Würfel geschnitten

2 rote Paprika,
in dicke Streifen geschnitten

2 Tomaten,
in kleine Würfel geschnitten

100 ml Schlagsahne

1 TL Kreuzkümmelpulver

1 TL Korianderpulver

1 TL Kurkuma

1 TL Paprika, edelsüß

1 EL frischer Koriander,
fein geschnitten

1 ½ TL Salz

2 TL Ghee

⅓ TL Pfeffer

Zubereitung:

Alle Gewürzpulver mit Salz in einer Schüssel vermischen.

Backofen auf Grillen stellen, oder auf 250 °C mit Oberhitze aufheizen.

Zuerst Auberginenwürfel mit ⅓ der Gewürzmischung bestreuen und mit 2 TL Ghee verrühren. Auberginen auf dem Blech gleichmäßig verteilen und in den heißen Backofen geben. Circa 10 Minuten backen.

Kartoffel und Paprika mit ⅓ der Gewürzmischung und 1 TL Ghee verrühren und zu den Auberginenstücken geben. Weitere 15 Minuten backen.

Zucchini und Tomaten wieder mit ⅓ der Gewürzmischung bestreuen, zum Backgemüse geben und nochmals 5 Minuten backen.

Das Gemüse sollte zum Schluss durch und goldbraun, aber bissfest sein. Jetzt noch Schlagsahne mit Kräutern darauf gießen und alles gut verrühren. Fertig!

Spinat, Auberginen und gelbe Linsen

4 Personen

Zutaten:

350 g frischer Spinat, gewaschen, gut abgetropft und grob in Streifen geschnitten

100 g Chana Dal, über Nacht oder für mind. 2 Stunden eingeweicht

2 Stück Auberginen, in große Würfel geschnitten

2 EL Tomatenmark oder 150 ml Tomatensaft

1½ TL Koriandersamen, grob zerstoßen

2 Messerspitzen Asafötida

1 TL Kurkuma

1 TL Bockshornklee, gemahlen

1½ TL Salz

1 Zimtstange

2 TL Ghee – für Masala

3 EL Olivenöl – für Auberginen

2 TL frisch geriebener Ingwer

1 TL Paprika, edelsüß

½ TL Salz – für die Auberginen

1 TL Rohrzucker

Zubereitung:

Chana Dal in ca. 700 ml Wasser aufkochen und 30 Minuten köcheln lassen. Gut abtropfen. Dal muss weich sein, also zwischen 2 Fingern zergehen.

Auberginenwürfel in eine Schüssel geben, mit Salz, Paprika und Olivenöl gut vermengen und auf ein Blech geben. Backofen auf 250 °C oder Grillen einstellen und Auberginen für ca. 15–20 Minuten backen. Sie müssen zum Schluss butterweich, nicht zäh sein.

In einem großen Topf Ghee erhitzen, die Koriandersamen dazugeben und goldbraun anrösten. Jetzt Ingwer, Asafötida, Kurkuma, Bockshornklee und Zimtstange dazugeben und für ein paar Sekunden weiter anrösten.

Den Spinat dazugeben, ca. 200 ml Wasser hineingießen und 2 Minuten köcheln lassen. Jetzt Chana Dal, Tomatenmark, Rohrzucker, Auberginen und Salz dazugeben und vorsichtig rühren. Subji sollte eine dicke Konsistenz haben (nicht zu trocken und nicht zu flüssig). Weitere 5 Minuten köcheln lassen, gut zudecken und die Flamme ausschalten. Circa 10 Minuten ruhen lassen.

Zucchini-, Kartoffel- und Paprika-Subji

3–4 Personen

Zutaten:

*2 kleine Zucchini,
würfelig geschnitten*

*2–4 Kartoffeln,
geschält und würfelig geschnitten*

1 rote oder grüne Paprika

1 TL frisch geriebener Ingwer

1 Messerspitze Asafötida

½ TL Kurkuma

1 Prise schwarzer Pfeffer

½ TL Koriander, gemahlen

½ TL Kreuzkümmel, gemahlen

1 TL Salz

1 TL Ghee

*2 EL frische Kräuter – Petersilie,
Dill oder Koriander*

½ Zitrone, ausgepresst

ca. 150 ml Wasser

Zubereitung:

Ghee in einem Topf erhitzen und die Gewürze darin anrösten.

Die Kartoffeln und die Paprika dazugeben und wieder ein paar Sekunden anrösten. Jetzt Wasser daraufgießen und zugedeckt 15 Minuten köcheln lassen.

Die Zucchini dazugeben und weitere 3 Minuten köcheln lassen.

Zum Schluss Pfeffer, Salz, frische Kräuter und Zitrone hinzufügen, die Flamme ausschalten und zugedeckt 10 Minuten ruhen lassen.

Kartoffel-„Paneer"-Gratin

6 Personen

Zutaten:

700 g festkochende Kartoffeln, geschält und in dünne Scheiben geschnitten

250 g Paneer, in dünne Scheiben geschnitten (s. Seite 60)

200 ml Schlagsahne

1 TL Koriandersamen, grob zerstoßen

1 TL Kurkuma

2 Messerspitzen Asafötida

1 TL Salz – für die Kartoffeln

½ TL Pfeffer

1 TL Ghee

Zubereitung:

Die Kartoffel gut abtropfen und mit Salz, Koriander, Asafötida, Pfeffer und Kurkuma gut verrühren und in drei Teile teilen. Paneer in 2 Teile teilen (für den Schichtauflauf).

Eine tiefe Auflaufform mit Ghee bestreichen und die erste Schicht Kartoffeln darauflegen. Paneer-Scheiben darauflegen und ein bisschen salzen.

Dann nochmal alles wiederholen und zum Schluss die dritte Schicht Kartoffeln darauflegen. Mit Schlagsahne gleichmäßig übergießen und mit Alufolie vorsichtig zudecken.

Den Auflauf für ca. 30–45 Minuten bei 200 °C in Backofen ausbacken. Die letzten 10 Minuten kann man die Alufolie abnehmen, damit der Auflauf goldbraun wird.

Fenchel, Kartoffeln und Mangold
in Kokosmilch Subji
mit hausgemachtem Käse „Paneer"

4 Personen

Zutaten:

2 Fenchelknollen,
in Streifen geschnitten

2–3 Kartoffeln, in Streifen geschnitten

250 g Mangold,
in Streifen geschnitten

150 ml Kokosmilch

1 EL frischer Ingwer fein gerieben

½ rote Paprika geraspelt

½ TL Kreuzkümmelsamen

½ TL Koriander gemahlen

½ TL Bockshornklee gemahlen

1 Messerspitze Asafötida

½ TL Kurkuma

⅓ TL schwarzer Pfeffer

150 g Paneer, in Würfel geschnitten
(s. Seite 60) (kann entfallen)

1½ TL Salz

1 TL Tomatenmark

1 TL Ghee

150 ml Wasser

Zubereitung:

Ghee in einem Topf erhitzen und Kreuzkümmel darin braun anrösten. Koriander, Bockshornklee, Kurkuma und Asafötida dazugeben und ein paar Sekunden anrösten.

Gut abgetropfte Kartoffeln und Fenchel, geraspelte Paprika und Ingwer hinzugeben und kurz weiter anrösten.

Wasser hineingießen und zugedeckt 10 Minuten köcheln lassen.

Mangold, Tomatenmark, Kokosmilch, Salz und schwarzen Pfeffer dazugeben und zugedeckt weitere 10 Minuten köcheln lassen.

Zum Schluss gewürfelten Paneer hineingeben und vorsichtig umrühren. Fertig!

Rote Rüben mit Kartoffeln und Karfiol aus dem Ofen in Kräutersauce

4–6 Personen

Zutaten:

2–3 rote Rüben

4 Kartoffeln,
geschält und würfelig geschnitten

½ Karfiol, in Röschen geschnitten

150 ml Sauerrahm

1 TL Currypulver

1 Messerspitze Asafötida

1 TL Koriander

½ TL Paprika, edelsüß

frische Kräuter –
Koriander, Petersilie oder Dill

1 TL Salz

2 TL Ghee

Zubereitung:

Die roten Rüben waschen und bedeckt mit Wasser für ca. 1 Stunde weich kochen. Den Topf unbedingt zudecken. Die gar gekochten roten Rüben schälen und würfelig schneiden. Mit ein bisschen Salz bestreuen und beiseite stellen.

Kartoffeln in eine Schüssel geben und mit 1 TL Ghee, ½ TL Salz, Asafötida, der Hälfte von Koriander und Paprikapulver würzen, aufs Blech geben und im vorgeheizten Ofen (220 °C) ca. 10 Minuten backen.

Karfiol in eine Schüssel geben und mit 1 TL Ghee, ½ TL Salz und der Hälfte von Koriander und Paprikapulver würzen, zu den Kartoffeln in den Backofen geben und weitere 20 Minuten goldgelb backen.

Zum Schluss rote Rüben aufs Blech zu Kartoffel und Karfiol legen, mit Sauerrahm, Currypulver und frischen Kräuter verfeinern.

Grüne Bohnen, Karotten und Kartoffeln in „Kadhy-Sauce"

4 Personen

Zutaten:

250 g grüne Bohnen,
in 2,5 cm lange Stifte geschnitten

2 Karotten,
geschält und in Stifte geschnitten

2 Kartoffeln, geschält und
in Würfel geschnitten

½ rote Paprika, geraspelt

2 EL Kichererbsenmehl

200 ml Joghurt natur

400 ml Wasser

10 frische oder trockene
Curryblätter (kann entfallen)

1 EL frisch geriebener Ingwer

1 Lorbeerblatt

1 TL Kurkuma

½ TL schwarze Senfkörner

2 Messerspitzen Asafötida

1 ½ TL Koriander, gemahlen

½ TL Kreuzkümmelsamen

1 TL Ghee

1 TL Salz

1 Chilischote, fein geschnitten

1 EL frische Kräuter – Petersilie oder Koriander

Zubereitung:

Grüne Bohnen, Karotten und Kartoffeln in wenig Wasser kurz dämpfen, bis sie bissfest sind. Gut abtropfen lassen.

Joghurt, Wasser und Kichererbsenmehl gut miteinander verrühren, bis die Mischung ohne Klumpen ist.

Ghee in einem Topf erhitzen, Senfkörner dazugeben, zudecken und warten, bis die Körner nicht mehr springen. Sofort Kreuzkümmel dazugeben und goldbraun anrösten. Die Flamme klein schalten und alle anderen Gewürze, Ingwer, Chili und geraspelten Paprika hineingeben und ein paar Sekunden anrösten.

Kichererbsen-Joghurt-Mischung auf die Gewürzmasala gießen und unter ständigem Rühren zum Kochen bringen.

Das gedämpfte Gemüse, Salz und frische Kräuter hineingeben und für 2 Minuten eindicken lassen. Subji sollte eine cremige Konsistenz haben.

Fladenbrote

⚘ Einfach oder gefüllt – Immer ein Highlight ⚘

7. Fladenbrote

❧ Einfach oder gefüllt – Immer ein Highlight ❧

Brot ist nicht gleich Brot. In Europa sind wir es gewöhnt, Brot mit Hefe zu essen. In Asien werden Fladenbrote gewöhnlich ohne Hefe, höchstens mit Backpulver gebacken. Diese Fladenbrote werden warm bzw. frisch gegessen und sind nicht lange haltbar. Frische Fladenbrote, einfach oder pikant gefüllt, sind eine wahre Bereicherung zu Reis, Gemüse, Linsen und Salat.
Die in den Rezepten angegebenen Wassermengen können ein bisschen variieren, da sie von der Zusammensetzung des Mehls abhängig sind. Die meisten Fladenbrote werden in einer schweren Pfanne aus Gusseisen oder Edelstahl gebraten.

Das wichtigste beim Teig ist, dass er glatt und gleichmäßig geknetet wird, bis wir eine schöne glänzende Kugel bekommen. Beim Ausrollen von Fladen braucht man ein bisschen Praxis. Geben Sie nicht gleich auf, wenn Ihre Fladenbrote nicht ganz rund werden oder nicht gleichmäßig dick oder dünn sind. Übung macht den Meister.

Chapati (Fladenbrot ohne Hefe)

6 Personen

Zutaten:

200 g Vollkorn Dinkel- oder Weizenmehl
ca. 120–150 ml Wasser oder nach Bedarf
½ TL Salz
Butter oder Ghee zum Anpinseln

Zubereitung:

In einer großen Schüssel Mehl, Salz und Wasser zu einem gleichmäßigen Teig verarbeiten, der nicht zu weich und nicht zu hart ist.

Den Teig auf die Arbeitsfläche legen und 2–3 Minuten glatt durchkneten. In ein feuchtes Tuch wickeln und für eine halbe Stunde ruhig stellen.

Den Teig zu einer Schlange rollen und in 12 gleiche Stücke schneiden. Die Stücke in Bällchen formen, mit etwas Mehl bestäuben und mit einem Nudelholz dünne, möglichst runde Fladen ausrollen.

Das überschüssige Mehl abklopfen und die Chapati (2–3 gleichzeitig) in die vorgewärmte schwere Pfanne legen. Beide Seiten für ca. 1 Minute trocken anrösten und dabei die Teigoberfläche mit einer glatten Zange sanft streicheln. Es entstehen kleine Luftblasen.

Den Chapati mit der Zange aufnehmen und auf eine offene Gasflamme legen. Den Chapati, der sich wie ein Luftballon aufblähen sollte, sofort umdrehen.

Den fertigen Chapati in einem Topf aufbewahren, mit Ghee oder Butter etwas bepinseln und den Topf zudecken, um die Chapatis warmzuhalten.

Möglichst warm und frisch servieren.

Würzige Kartoffel-Dinkel-Schnecken

6–8 Personen

Zutaten:

150 g Vollkorndinkelmehl

100 g Mehl Typ 700

70 g Butter

1 TL Salz – für den Teig

⅓ TL Weinstein-Backpulver

⅓ TL schwarzer Pfeffer

150–180 ml Wasser

400 g mehlige Kartoffeln

1 EL frisch geriebener Ingwer

1 TL Kurkuma

½ TL Koriander, gemahlen

½ Zitrone, ausgepresst

1 Chilischote, fein geschnitten

2 Messerspitzen Asafötida

½ TL Ajwain Samen, grob zerstoßen

1 EL frische Petersilie, fein gehackt

1 TL Salz – für die Füllung

1 TL Maisstärke

Ghee oder Sonnenblumenöl
zum Braten

Zubereitung:

In eine Schüssel Mehl, Butter, Backpulver, Salz und Pfeffer geben und mit den Fingerspitzen die Butter und das Mehl verarbeiten.

Das Wasser hineingießen (nicht alles auf einmal, sondern nach Bedarf) und einen glatten Teig kneten. Mit einem Küchentuch bedecken und 20 Minuten ruhen lassen.

Die Kartoffeln schälen und in einem Topf mit ca. 1 ½ l Wasser weich kochen. Kartoffeln in ein Sieb geben und gut abtropfen und auskühlen lassen. Das Kartoffel-Wasser kann man für die Suppe aufheben.

Kartoffeln in eine Schüssel geben und mit allen Gewürzen, Maisstärke, Salz und Zitronensaft vermischen. Die Masse sollte man mit einem Stampfer gut zerdrücken (bitte keinen Stabmixer verwenden!).

Ein bisschen Mehl auf die Arbeitsfläche streuen und den Teig zu einem Quadrat ausrollen (ca. 3 mm dünn). Die Kartoffelfüllung darauf gleichmäßig verteilen und bei den Rändern 1 cm frei lassen.

Die Teigränder mit ein bisschen Wasser bepinseln (sie haften so besser) und das ganze vorsichtig und fest einrollen. So bekommen wir eine dicke Roulade.

Die Roulade in ca. 1 cm dicke Scheiben schneiden und mit den Handflächen ein wenig formen.

1 EL Ghee in der Pfanne erhitzen, 3–4 „Schnecken" hineingeben und beidseitig goldbraun braten. Die Flamme sollte ganz klein sein. Für jede Seite braucht man ca. 2 Minuten. Alle Schnecken braten und sofort servieren.

Bhatura (Fladenbrote mit Backpulver, in der Pfanne geröstet)

6 Personen

Zutaten:

150 g Vollkornmehl –
Weizen oder Dinkel

100 g Mehl Typ 700

50 g Butter

1 TL Salz

⅓ TL schwarzer Pfeffer
(kann entfallen)

ca. 150 ml Wasser oder Joghurt

⅓ TL Weinstein-Backpulver

Ghee zum Anbraten

Zubereitung:

Butter bei Zimmertemperatur weich werden lassen.

In einer Schüssel Mehl mit Backpulver, Salz, Pfeffer und Butter gleichmäßig zwischen den Fingern vermengen.

Jetzt das Wasser langsam hineingießen und einen Teig kneten. Der Teig sollte nicht zu weich und nicht zu hart sein und nicht mehr auf der Arbeitsfläche kleben. Aus dem Teig eine Kugel machen und mit einem Küchentuch 15 Minuten zudecken. Den Teig in eine Schlangenform rollen und mit dem Messer in 16 gleiche Stücke schneiden.

Die Teigstücke in Kugeln formen und dünn (3 mm) kreisförmig ausrollen.

In einer Pfanne 1 TL Ghee erhitzen und gleichzeitig 3–4 Bhaturas darin auf jeder Seite goldbraun anbraten. Sofort servieren.

Paneer Paratha mit Füllung aus hausgemachtem Käse

6–8 Personen

Zutaten:

100 g Vollkornmehl –
Dinkel oder Weizen

150 g Mehl Typ 700

50 g Butter

1 Messerspitze Weinstein-Backpulver

130–150 ml Wasser

200 g Paneer (s. Seite 60)

1 TL Currypulver

½ TL Salz – für den Käse

Zubereitung:

In einer großen Schüssel beide Mehlsorten vermischen und Butter mit den Fingern ins Mehl bröseln. Jetzt Backpulver, Salz und Wasser dazugeben und einen Teig daraus kneten. Am besten verarbeitet man den Teig auf einer mit Mehl bestreuten Arbeitsfläche.

Der Teig sollte glatt und nicht klebrig sein. Er sollte unter einem Küchentuch 20 Minuten zugedeckt ruhen.

Paneer – Käse mit den Fingern zerbröseln und mit Salz und Currypulver vermengen. Aus dem Teig 16 Bällchen formen und in kreisförmige, 15 cm große Fladen ausrollen. In der Mitte des Fladens mit einem Pinsel ein wenig Ghee aufpinseln, dann 1 TL Füllung darauf geben und die Ränder über der Füllung zusammenschlagen. So bekommen wir einen Halbmond. Den gefüllten Teig vorsichtig zusammendrücken und sanft mit einem Nudelholz so dünn wie möglich ausrollen (aufpassen, dass die Füllung nicht herausquillt).

Dann den Teig zu einem Dreieck zusammenfalten und nicht zu dünn ausrollen. Alle 16 Fladen auf diese Art und Weise füllen und ausrollen.

In einer großen Pfanne 1 EL Ghee erhitzen und gleichzeitig (je nachdem, wie groß die Pfanne ist) 2–3 Parathas braten, auf kleiner Flamme, jede Seite 2–3 Minuten, bis sie goldbraun sind.

Sofort servieren.

Alu Paratha – Blätterteig Fladenbrot mit Kartoffelfüllung

6–8 Personen

Zutaten:

*100 g Vollkornmehl –
Dinkel oder Weizen*

150 g Mehl Typ 700

50 g Butter

1 Messerspitze Weinstein-Backpulver

½ TL Salz

130–150 ml Wasser

*2–3 Kartoffeln,
geschält und grob geschnitten*

½ TL Salz – für die Kartoffeln

½ TL Ajwainsamen, grob zerstoßen

1 Messerspitze Asafötida

½ TL Kurkuma

⅓ TL schwarzer Pfeffer

½ TL Koriander, grob zerstoßen

½ Zitrone, ausgepresst

*1 EL frische Kräuter –
Petersilie oder Koriander*

Ghee zum Braten

Zubereitung:

In einer großen Schüssel beide Mehlsorten vermischen und die Butter mit den Fingern ins Mehl bröseln. Backpulver, Salz und Wasser dazugeben und einen Teig daraus kneten.

Der Teig sollte glatt und nicht klebrig sein, mit einem Küchentuch zudecken und 20 Minuten ruhen lassen.

Kartoffeln in einem Topf mit 500 ml Wasser weich kochen. Gut abtropfen lassen.

In einer kleinen Pfanne 1 TL Ghee erhitzen und Ajwain und Koriander anrösten, bis sie braun werden. Dann Kurkuma und Asafötida kurz mit anrösten und von der Flamme nehmen.

Kartoffeln gemeinsam mit angerösteten Gewürzen, Salz, frischen Kräutern, Pfeffer und Zitronensaft gut zerstampfen.

Aus dem Teig 16 Bällchen formen und in kreisförmige, 15 cm große Fladen ausrollen. In der Mitte des Fladensn mit einem Pinsel ein wenig Ghee geben, 1 EL Füllung daraufgeben und die Ränder über der Füllung zusammenschlagen. Wir bekommen einen Halbmond. Den gefüllten Teig vorsichtig zusammendrücken und
sanft mit einem Nudelholz so dünn wie möglich ausrollen (aufpassen, dass die
Füllung nicht herausquillt). Den ausgerollten Teig zu einem Dreieck falten und
wieder ein bisschen ausrollen. Alle 16 Fladen auf diese Art und Weise füllen und
ausrollen.

In einer großen Pfanne 1 EL Ghee erhitzen und gleichzeitig 2–3 Parathas darin
braten, bis sie goldbraun sin

Dal Katchori – Gefüllte Fladenbrote mit würziger Dal-Füllung

6–8 Personen

Zutaten:

200 g Vollkornmehl –
Weizen oder Dinkel

100 g Mehl Typ 700

80 g Butter

1 TL Salz – für den Teig

1 Messerspitze Weinstein-Backpulver

½ TL schwarzer Pfeffer

100–120 ml Wasser

100 g Mung Dal

½ TL Salz – für die Füllung

½ TL Kreuzkümmelsamen

½ TL Fenchelsamen

⅓ TL Ajwainsamen

1 Messerspitze Asafötida

½ TL Kurkuma

1 Chilischote, fein gehackt

1 EL frischer Koriander, fein gehackt

Ghee zum Braten

Zubereitung:

In einer großen Schüssel beide Mehlsorten vermischen und die Butter mit den Fingern ins Mehl bröseln. Backpulver, Salz und Wasser dazugeben und einen Teig daraus kneten. Am besten verarbeitet man den Teig auf einer mit Mehl bestreuten Arbeitsfläche.

Der Teig sollte glatt und nicht klebrig sein. Den Teig mit einem Küchentuch zugedeckt 20 Minuten ruhen lassen.

Mung Dal waschen und in ca. ½ l Wasser weich kochen (ca. 20 Minuten). Gut abtropfen lassen.

Die Fenchel-, Kreuzkümmel- und Ajwainsamen in einer kleinen Pfanne ohne Fett goldbraun anrösten und im Steinmörser grob zermahlen.

Mung Dal mit gerösteten Gewürzen, Asafötida, Kurkuma, Salz, Chili und frischem Koriander vermengen und ein wenig zerstampfen.

Aus dem Teig 16 Kugeln formen und in 10 cm große Fladen ausrollen.

Einen Fladen in die linke Hand nehmen und in der Mitte des Fladens 1 EL der Füllung geben. Mit der rechten Hand die Ränder zusammenkleben, damit eine Kugel entsteht. Jetzt diese Kugel zwischen den Handflächen vorsichtig flach drücken.

1 EL Ghee in einer Pfanne erhitzen und jeweils 4–5 gefüllte Katchoris darin herausbacken. Die Flamme sollte klein sein, da die Katchoris länger brauchen, um fertig zu werden (ca. 3–4 Minuten pro Seite).

Vorsichtig wenden und goldbraun werden lassen. Sofort servieren.

Samosas – Gefüllte Teigtaschen

Wer einmal diese gefüllten Teigtaschen probiert hat, möchte nie wieder darauf verzichten. Samosas zählen zu den beliebtesten Ayurveda-Snacks: pikant, lecker, für zwischendurch, als Wanderjause, zum Picknick, als Snack in der Arbeitspause oder als ganze Mahlzeit in Kombination mit Salat und Joghurt.

Paneer-Samosas mit Oliven und frischem Basilikum

6 Personen

Zutaten:

100 g Vollkornmehl

150 g Mehl Typ 700

100 g Butter

⅓ TL Weinstein-Backpulver

1 TL Salz – für den Teig

2 TL Sesam oder Leinsamen
(kann entfallen)

150 ml Wasser

500 g Paneer-Käse (s. Seite 60)

10 frische Basilikumblätter,
in Streifen geschnitten oder
1 TL getrocknete Basilikum

1 TL getrockneter Oregano

1 TL Salz

100 g grüne Oliven,
entkernt und klein geschnitten

1 Messerspitze Asafötida

½ TL Paprika, edelsüß

½ TL Kurkuma

Zubereitung:

In einer Schüssel Mehl, Butter, Weinstein-Backpulver und Salz vermischen und mit den Fingerspitzen die Butter ins Mehl reiben. Sesam oder Leinsamen dazugeben und Wasser hineingießen.

Einen glatten Teig daraus kneten. Den Teig mit einem Küchentuch zudecken und 15 Minuten ruhen lassen.

Paneer-Käse mit den Fingern fein zerbröseln, Basilikum, Oregano, Salz, Paprika, Oliven, Kurkuma und Asafötida dazugeben und gut vermengen.

Den Teig zu einer „Schlange" ausrollen und in 16 gleichmäßige Stücke schneiden. Die Stücke zu kleinen Bällchen formen und mit ein bisschen Mehl in kreisförmige 2 mm dünne Fladen ausrollen.

1 EL der Füllung auf eine Hälfte des Fladens geben, dann die andere Hälfte darüberklappen und die beiden Teigschichten am Rand der Füllung fest zusammenpressen.

Samosa-Rand Stück für Stück übereinanderfalten oder einfach mit einer Gabel zusammendrücken.

Backofen auf 200 °C aufheizen und die Samosas auf ein gefettetes Blech geben und 20–25 Minuten goldbraun backen.

Die heißen Samosas mit ein wenig Olivenöl bestreichen.

Alu Gobi Samosa – Gefüllte Teigtaschen mit Karfiol und Kartoffeln – im Backofen ausgebacken

6 Personen

Zutaten:

100 g Vollkornmehl

150 g Mehl Typ 700

100 g Butter

⅓ TL Weinstein-Backpulver

1 TL Salz – für den Teig

2 TL Sesam oder Leinsamen
(kann entfallen)

ca. 120 ml Wasser

500 g mehlige Kartoffeln,
geschält und klein geschnitten

1 kleiner Karfiol,
ganz klein geschnitten

100 g Erbsen

1 TL Kurkuma

⅓ TL Zimtpulver

¼ TL Nelkenpulver

2 Messerspitzen Asafötida

1 TL Koriander, gemahlen

½ TL Ajwain Samen, grob zerstoßen

1 EL frischer Ingwer, fein gerieben

½ Zitrone ausgepresst

1 TL Salz – für die Fülle

1 TL Ghee

Zubereitung:

In einer Schüssel Mehl, Butter, Weinstein-Backpulver und Salz vermischen und mit den Fingerspitzen die Butter ins Mehl reiben. Sesam oder Leinsamen dazugeben und Wasser langsam und nach Bedarf hineingießen.

Einen glatten Teig daraus kneten. Den Teig 15 Minuten mit einem Küchentuch zudecken und ruhen lassen.

Kartoffeln, Karfiol und Erbsen nacheinander im selben Wasser kochen und alles gut abtropfen lassen.

Kartoffeln in einer Schüssel zerstampfen und die Karfiolstücke und Erbsen dazugeben.

Ghee in einer kleinen Pfanne erhitzen und die Gewürze anrösten:

Ajwain, Koriander, Asafötida, Kurkuma und Ingwer. Die fertig angeröstete Masala zur Kartoffel-Karfiol-Erbsen Fülle geben und Zimtpulver, Nelkenpulver, Salz und Zitronensaft hinzufügen.

Den Teig zu einer „Schlange" ausrollen und in 16 gleichmäßige Stücke schneiden. Die Stücke in kleine Bällchen formen und mit ein bisschen Mehl in ca. 2 mm dünne, kreisförmige Fladen ausrollen.

1 EL der Füllung auf eine Hälfte des Fladens geben, dann die andere Hälfte darüberklappen und die beiden Teigschichten am Rand der Füllung fest zusammenpressen.

Samosa-Rand Stück für Stück übereinanderfalten oder einfach mit einer Gabel zusammendrücken.

Backofen auf 200 °C aufheizen, die Samosas auf ein eingefettetes Blech geben und 20–25 Minuten goldbraun backen.

Die heißen Samosas mit wenig Butter bestreichen.

Spinat Kartoffeln Samosas

6 Personen

Zutaten:

100 g Vollkornmehl	2 Messerspitzen Asafötida
150 g Mehl Typ 700	1 TL Koriander, gemahlen
100 g Butter	1 TL Bockshornklee, gemahlen
⅓ TL Weinstein-Backpulver	1 TL Kreuzkümmel, gemahlen
1 TL Salz – für den Teig	1 EL frischer Ingwer, fein gerieben
2 TL Sesam oder Leinsamen (kann entfallen)	½ Zitrone, ausgepresst
	1 TL Salz – für die Fülle
120 ml Wasser	2 Chilischoten, klein geschnitten
700 g mehlige Kartoffeln	1 Prise Muskatnuss
700 g frischer Spinat	1 TL Ghee
1 TL Kurkuma	

Zubereitung:

In einer Schüssel Mehl, Butter, Weinstein-Backpulver und Salz vermischen und mit den Fingerspitzen die Butter ins Mehl reiben. Sesam oder Leinsamen dazugeben und das Wasser hineingießen.

Einen glatten Teig daraus kneten. Den Teig mit einem Küchentuch zudecken und 15 Minuten ruhen lassen.

Kartoffeln schälen, grob schneiden und in einem Topf mit Wasser weich kochen. Gut abtropfen und zerstampfen.

Spinat gut waschen, abtropfen und grob schneiden. In sehr wenig Wasser gar dünsten. Auch sehr gut abtropfen bzw. mit den Händen das Wasser rausdrücken, da Spinat sehr viel Wasser enthält.

In der Pfanne alle Gewürze kurz in Ghee anrösten.

Kartoffeln, Spinat, Gewürze, Salz und Zitronensaft in eine Schüssel geben und gut vermischen. Die Füllung muss auskühlen.

Den Teig zu einer „Schlange" ausrollen und in 16 gleichmäßige Stücke schneiden. Die Stücke zu kleinen Bällchen formen und mit ein bisschen Mehl in kreisförmige Fladen ausrollen, die ca. 2 mm dünn sind.

1 EL der Füllung auf eine Hälfte des Fladens geben, die andere Hälfte darüberklappen und die beiden Teigschichten am Rand der Füllung fest zusammenpressen. Samosa-Rand Stück für Stück übereinanderfalten oder einfach mit einer Gabel zusammendrücken.

Backofen auf 200°C aufheizen, die Samosas auf ein gefettetes Blech geben und 20–25 Minuten goldbraun backen.

Die heißen Samosas mit wenig Butter bestreichen.

Snacks

Mit Salat — Eine vollwertige Mahlzeit

Snacks, Laibchen und Getreidepulaos (Stews)

⚜ Mit Salat – Eine vollwertige Mahlzeit ⚜

Ich zähle die Aufläufe und Laibchen zu den Getreidegerichten, weil Getreide ihr wichtigster Bestandteil ist. In diesem Buch werden Sie nicht viele Nudel-Rezepte finden, da man Nudeln einfach mit einem Gemüsegericht, dicker Dal-Suppe und ein paar frischen Kräutern kombinieren kann.

Die gehaltvollen Aufläufe, Laibchen und Getreide-Pulaos schmecken großartig mit Rohkost und Joghurtsauce.

Kartoffel-Koriander-Laibchen

6 Personen

Zutaten:

1 kg festkochende Kartoffeln

100 g grüne Erbsen –
auch Tiefkühlware möglich

1 Bund frischer Koriander oder
Petersilie oder Basilikum

1–2 TL Stärke

1 Prise Asafötida

½ TL Paprikapulver

½ TL Kurkuma

½ Zitrone, ausgepresst

1 ½ TL Salz

½ TL Pfeffer

Zubereitung:

Kartoffeln schälen, grob schneiden und weich kochen, gut abtropfen lassen und stampfen.

Grüne Erbsen gar kochen und gut abtropfen lassen.

Kartoffeln und Erbsen mit allen Gewürzen und Stärke vermischen und Laibchen formen.

Eine schwere Bratpfanne mit Ghee einfetten. Die Laibchen langsam rösten und so lange wenden, bis beide Seiten goldbraun und knusprig sind.

Fertig!

Hirse-Paprika-Bohnen-Pulao

4–6 Personen

Zutaten:

200 g Hirse	2 Messerspitzen Asafötida
1 TL Salz – für den Pulao	½ TL Kurkuma
3–4 Kartoffeln	2 EL frische Kräuter nach Belieben
½ TL Salz – für die Kartoffeln	½ TL Paprikapulver, edelsüß
1 rote Paprika	2 Chilischoten, klein gehackt
200 g grüne Bohnen	1 TL Salatkräuter, getrocknet
100 g Feta-Käse, in kleine Würfel geschnitten	½ TL Liebstöckel, getrocknet (kann entfallen)
2 Karotten	1 Zitrone, ausgepresst
100 g Cashewnüsse	4–5 EL Olivenöl
2 Tomaten	

Zubereitung:

Hirse waschen und in viel Wasser kochen, bis die Körner gar sind, aber nicht zerfallen (ca. 25 Minuten). Kalt abspülen und abtropfen lassen.
Kartoffeln schälen, waschen und in Würfel schneiden. Mit ein wenig Olivenöl und Salz bestreuen und im Backofen bei 220 °C 30 Minuten goldbraun backen.
Grüne Bohnen in 3 cm große Stücke schneiden und waschen.
Karotten schälen, waschen und in Stifte schneiden. Paprika waschen und in kleine Würfel schneiden. Tomaten waschen, entkernen und in kleine Würfel schneiden. Grüne Bohnen und Karotten kurz dämpfen, damit sie bissfest bleiben.

In einem Wok Olivenöl erhitzen und Cashewnüsse und Paprika Würfel darin anbraten, danach Asafötida, Chilischoten, Paprikapulver und Kurkuma dazugeben und einige Sekunden mitrösten.
Jetzt die Tomaten, alle Kräuter, Salz, gedämpftes Gemüse und Hirse dazugeben und alles gut vermengen. Zum Schluss gebackene Kartoffeln, Zitronensaft und Feta-Käse hineingeben und vorsichtig umrühren.
Nach Belieben mit ein bisschen Olivenöl übergießen.
Fertig!

Einfaches Rösti-Kartoffelbratlinge

3–4 Personen

Zutaten:

700 g Kartoffeln

1 Messerspitze Asafötida

1 Zitrone, ausgepresst

1 TL Salz

½ TL Salatkräuter, getrocknet

⅓ TL schwarzer Pfeffer

Ghee oder Sonnenblumenöl – zum Braten

Zubereitung:

Kartoffeln schälen und ganz fein raspeln. Sofort mit Zitronensaft besprühen, damit die Kartoffeln nicht schwarzgrau werden. Mit allen anderen Gewürzen vermengen und gut verrühren. Kartoffeln geben viel Wasser ab, das macht nichts.

1 EL Ghee oder Öl in einer schweren Pfanne erhitzen und gleichzeitig aus den geraspelten Kartoffeln flach-dünne Laibchen formen. Jeweils 3–4 Laibchen in der Pfanne langsam goldbraun ausbraten.

Laibchen, die mit den Handflächen gut und kompakt geformt wurden, zerfallen beim Braten nicht, da Kartoffeln viel Stärke enthalten, die bindet.

Heiß servieren.

Kichererbsen-Laibchen

3–4 Personen

Zutaten:

200 g Kichererbsen,
über Nacht eingeweicht

2 EL frische Kräuter

1 TL Paprikapulver, edelsüß

1 TL Currypulver

½ TL Koriander, gemahlen

⅓ TL schwarzer Pfeffer

1 TL Salz

½ Zitrone, ausgepresst

1 EL Semmelbrösel

Zubereitung:

Die Kichererbsen in einen Topf geben, mit Wasser bedecken und ca. 1½–2 Stunden kochen, bis sie weich werden, aber nicht zerfallen. Immer wieder umrühren und falls nötig mehr Wasser hineingießen.

Kalt abspülen und gut abtropfen lassen. In einer Küchenmaschine alle Zutaten vermengen und zu einer Masse zermahlen. Falls die Masse zu weich ist, einfach noch etwas Semmelbröseln dazugeben. Flache Laibchen formen und in wenig Ghee in einer Pfanne braten. Sofort servieren.

Grünkern-Majoran-Laibchen

6 Personen

Zutaten:

400 g Grünkern,
über Nacht eingeweicht

3 l Wasser

1 TL Salz

1 TL Majoran, getrocknet

1 TL Paprika, edelsüß

2 Messerspitzen Asafötida

½ TL Kurkuma

1 TL Mutterkümmel, gemahlen

½ TL schwarzer Pfeffer

Ghee oder Sonnenblumenöl –
zum Braten

Zubereitung:

In einem Topf 3 l Wasser zum Kochen bringen.

Grünkern abtropfen, ins heiße Wasser geben und ca. ½ Stunde ohne Deckel kochen.

Die Grünkernkörner sollten so weich sein, dass man sie zwischen 2 Fingern zerdrücken kann.

Die Grünkernkörner kalt abspülen und gut abtropfen. In eine Küchenmaschine geben und so fein wie möglich zermahlen.

Die Masse in eine Schüssel geben, alle Gewürze dazu und zu einem Teig verkneten. Daraus flache Laibchen formen und in der Pfanne in wenig Ghee oder Sonnenblumenöl goldbraun braten.

Hirse-Karotten-Laibchen

3–4 Personen

Zutaten:

200 g Hirse

2 Karotten,
geschält und fein geraspelt

2 EL frischen Koriander,
fein gehackt oder Petersilie

1 TL Majoran, getrocknet

2 Messerspitzen Asafötida

½ TL Kurkuma

¼ TL schwarzer Pfeffer

50 g Ziegenkäse,
fein geraspelt (kann entfallen)

50 g Sonnenblumenkerne,
grob gemahlen

½ TL Salz

Zubereitung:

Hirse waschen und in einem Topf mit viel Wasser zum Kochen bringen. So lange kochen, bis man die Körner zwischen 2 Fingern zerdrücken kann.

Kalt abspülen und sehr gut abtropfen lassen.

In einem Topf 1 TL Ghee erhitzen und die Karotten darin 2 Minuten auf kleiner Flamme anrösten, Asafötida, Kurkuma, Pfeffer, Koriander, Majoran und Sonnenblumenkerne dazugeben und eine weitere Minute anrösten.

Jetzt von der Flamme nehmen, Hirse, frischen Koriander, Salz und Ziegenkäse dazugeben und alles gut zerstampfen. Es sollte eine klebrige Masse ergeben.

Aus der Masse kompakte, flache Laibchen formen und in ganz wenig Ghee (1 TL pro Reihe) in einer Pfanne goldbraun braten.

Hirse ist sehr mineralstoffreich. Die Sonnenblumenkerne und der Ziegenkäse versorgen den Körper mit Eiweiß.

Karotten-Kokos-Kichererbsen-Vada (Nuggets)

6–8 Personen

Zutaten:

700 g Karotten

3 EL Kokosraspeln

130 g Kichererbsenmehl

⅓ TL Weinstein-Backpulver

1 TL Salz

½ TL Garam Masala

1 TL Kurkuma

1 Messerspitze Asafötida

1 EL frische Kräuter

½ TL Koriander, gemahlen

Sonnenblumenöl zum Frittieren

Zubereitung:

Karotten schälen, waschen und in einer Küchenmaschine fein zermahlen.

In einer Schüssel alle Gewürze mit Karotten, Kichererbsenmehl, Kokosraspeln, Salz und Backpulver vermengen, damit ein saftiger Teig entsteht.

Aus der Masse kleine flache Laibchen formen (je weicher, desto saftiger werden die Laibchen).

700 ml Sonnenblumenöl erhitzen und die Laibchen darin goldbraun frittieren.

Karfiol-Kofta „Gobi Kofta"
(Frittierte Bällchen)

6 Personen

Zutaten:

1 mittelgroßer Karfiol,
in kleine Stücke geschnitten

130 g Kichererbsenmehl

1 EL frischer Koriander,
fein geschnitten

⅓ TL Weinstein-Backpulver

1 TL Salz

1 TL frischer Ingwer, fein gerieben

½ TL Zimtpulver

1 TL Koriander, gemahlen

⅓ TL Kreuzkümmel, gemahlen

1 Messerspitze Asafötida

1 TL Kurkuma

⅓ TL schwarzer Pfeffer

Sonnenblumenöl zum Frittieren

Zubereitung:

Karfiol in einer Küchenmaschine fein mahlen.

In einer Schüssel Kichererbsenmehl, alle Gewürze, Salz, Backpulver, frische Kräuter und zermahlenen Karfiol zu einer Masse kneten.

Es sollte eine saftige Masse entstehen.

700 ml Sonnenblumenöl erhitzen und mit einem EL die Kugeln aus der Karfiol-Masse in das heiße Öl geben. Die Bällchen werden zu Boden fallen und ca. 1–2 Minuten liegen bleiben. Lassen Sie die Bällchen liegen. Sie brauchen einige Zeit, um fest zu werden.

Nach ein paar Minuten kann man die Bällchen mit einem Netz- oder Spachtellöffel vorsichtig vom Boden nehmen und weitere 2–3 Minuten im Öl an der Oberfläche braten.

Die fertigen Bällchen haben eine schöne goldbraune Farbe. Mit einem Sieb herausnehmen und gut auf einer Küchenrolle abtropfen lassen. Man bekommt 20–25 Bällchen.

Pudla – Pfannkuchen aus Kichererbsenmehl und Gemüse

4–6 Personen

Zutaten:

100 g Kichererbsenmehl

1 rote Paprika, geraspelt

1 Karotte, geschält und geraspelt

1 Zucchini – geraspelt

1 Scheibe Hokkaido-Kürbis, geraspelt

1 Chilischote, fein gehackt

1 EL Petersilie, fein gehackt

1 Messerspitze Asafötida

½ TL Kurkuma

½ TL Koriander, gemahlen

½ TL schwarzer Kümmel – Kalonji

¼ TL schwarzer Pfeffer

1 TL Salz

⅓ TL Weinstein-Backpulver

Ghee oder Sesamöl – zum Braten

Zubereitung:

In einer großen Schüssel Kichererbsenmehl, alle Gewürze, Backpulver und Salz verrühren.

Das geraspelte Gemüse auch hineingeben und gut mit den Händen umrühren. Es sollte eine klebrige Masse entstehen.

1 TL Ghee in einer Pfanne erhitzen und kleine dicke Pfannkuchen rausbacken. Wichtig ist es, die Pfannkuchen langsam von beiden Seiten durchzubacken.

Sie sollten knusprig und goldbraun werden. Auf diese Art und Weise den ganzen Teig ausbacken und jedes Mal aufs Neue 1 TL Ghee hineingeben.

Heiß servieren.

Upma (Gemüse-Dinkelgrieß-Eintopf)

6 Personen

Zutaten:

100 g Butter

250 g Dinkelgrieß oder Weizengrieß

150 g grüne Bohnen,
klein geschnitten

2 Karotten, geschält und in
Stifte geschnitten

1 rote oder grüne Paprika,
klein geschnitten

½ Brokkoli oder ¼ Weißkraut,
klein geschnitten

2 EL Tomatenmark

1 EL frisch geriebener Ingwer

1 Chilischote, fein geschnitten

1 TL Bockshornklee, gemahlen

1 TL Kurkuma

1 TL Koriander

2 Messerspitzen Asafötida

1 TL schwarze Senfkörner

½ TL Kreuzkümmelsamen

1 TL Ghee

1 ½ TL Salz

700–800 ml Wasser

Zubereitung:

Das Ghee in einem Topf erhitzen und die schwarzen Senfkörner hineingeben. Zudecken und warten, bis die Senfkörner nicht mehr springen. Die Flamme klein-schalten und Kreuzkümmelsamen dazugeben, braun anrösten.

Das gut abgetropfte Gemüse (außer Brokkoli) dazugeben und kurz anrösten. Chili, Bockshornklee, Asafötida, Kurkuma, Koriander und Ingwer kurz mit anrösten und Wasser hineingießen. Zudecken und ca. 10 Minuten köcheln lassen

Brokkoli, Tomatenmark und Salz hinzufügen und weitere 5 Minuten köcheln lassen. In einer Pfanne Butter schmelzen lassen und Grieß hinzufugen. Auf kleiner Flamme ca. 10 Minuten anrösten, bis der Grieß eine feine goldene Farbe angenommen hat. Zum Schluss Grieß-Butter-Masse in heiße Gemüsesuppe geben (Vorsicht, Dampf!) und noch 3 Minuten eindicken lassen. Von der Flamme nehmen und sofort heiß servieren.

Ayurvedische Lasagne
mit Melanzani und Zucchini

6–8 Personen

Zutaten:

300 g Lasagneblätter –
aus Hartweizengrieß, ohne Ei

200 ml Schlagsahne

800 ml Wasser

1 Prise Muskatnuss, gemahlen

4 EL Olivenöl

2 EL Mehl Typ 700

1 TL Salz für Béchamel

2 Auberginen

2 Zucchini

Ghee – zum Braten

2 Fenchelknollen

200 g Paneerkäse –
Alternative Mozzarella

300 ml Tomatensaft

2 Messerspitzen Asafötida

1 TL Kurkuma

1 TL Rohrzucker

1 TL Koriander, gemahlen

1 TL Basilikum, getrocknet

½ TL Oregano, getrocknet

½ TL Liebstöckel und Majoran

1 TL Paprika, edelsüß

½ TL Mutterkümmel, gemahlen

½ TL Salz für Tomatensauce

Zubereitung:

Olivenöl in einem Topf erhitzen, Mehl dazugeben und 2 Minuten anrösten. Wasser, Sahne, Muskatnuss und Salz daraufgießen und unter ständigem Rühren zum Kochen bringen. Es sollte eine halbdicke Sauce entstehen.
Auberginen und Zucchini waschen, abtrocknen und in Scheiben schneiden.
In der Pfanne mit ein bisschen Ghee beidseitig scharf anbraten und auf einer Küchenrolle abtropfen lassen. Ein bisschen salzen.
Fenchel waschen und grob schneiden. In wenig Wasser kurz dämpfen. Ein bisschen salzen.

Auberginen, Zucchini und Fenchel mischen und in 2 Teile teilen.
Paneer-Käse oder Mozzarella entweder in dünne Scheiben schneiden oder mit den Fingerspitzen zerbröseln. Ein bisschen salzen.
In einem Topf 1–2 EL Olivenöl erhitzen und die Gewürze darin kurz anrösten. Tomatensaft daraufgießen, Salz und Zucker dazugeben und aufkochen lassen. Beiseite stellen.
Eine tiefe Auflaufform mit Olivenöl ausstreichen, einen Schöpfer der Béchamel-Sauce hineingeben. Die erste Schicht Lasagneblätter daraufgeben, dann die erste Schicht Gemüse, dann Paneer-Käse oder Mozzarella, und dann noch 1–2 Schöpfer Tomatensauce gleichmäßig verteilen.
Jetzt wieder Lasagneblätter, Gemüse, Paneer-Käse und Tomatensauce.
Zum Schluss noch einmal Lasagneblätter und die übrige Béchamel-Sauce daraufgeben.

Die Auflaufform mit Alufolie bedecken und im vorgeheizten Backrohr bei 200 °C 40 Minuten backen.
Die letzten 10 Minuten kann man die Lasagne abdecken, damit sie eine schöne goldbraune Farbe bekommt.

Idli – Pikante Dal-Getreide-Krapfen

6 Personen

Zutaten:

150 ml Grieß, hell –
Weizen oder Mais

100 ml Grieß, Vollkorn –
Dinkel, Weizen oder Kamut

1 EL Urad oder Mung Dal,
mindestens 2 Stunden eingeweicht

250 ml Joghurt

130 ml Wasser

½ TL Weinstein-Backpulver

1 TL Salz

⅓ TL schwarzer Pfeffer

1 Chilischote, fein gehackt

1 EL schwarze Senfkörner

50 g Cashewnüsse

2 EL Ghee

Zubereitung:

Für dieses Gericht brauchen Sie einen Topf mit einem Siebeinsatz aus Edelstahl oder einen original südindischen Idli-Topf mit vielen kleinen Idli-Einsätzen. Vielleicht können sie diesen Topf bei einem Indien-Shop bestellen. Es lohnt sich.

Idlis sind eine ideale Nahrung für Vegetarier, da sie eine optimale Zusammensetzung aus Eiweiß und Kohlehydrate bilden. Idlis kann man anstatt eines Sandwichs zur Arbeit oder auf einen Ausflug mitnehmen.

Eingeweichten Dal abtropfen lassen und mit Cashewnüssen in einer Küchenmaschine zermahlen.

In einem kleinen Topf oder einer Pfanne Ghee erhitzen und die Senfkörner hineingeben. Den Topf zudecken und warten, bis die Senfkörner nicht mehr springen. Gemahlenen Dal und Cashewnüsse mit gehackter Chilischote hineingeben und alles goldbraun anrösten. Beiseite stellen.

In einer Plastikschüssel beide Grießsorten, Salz, Pfeffer und Backpulver vermengen. Joghurt und Wasser hineingeben und glatt rühren. Geröstete Gewürz-Dal-Cashew-Mischung hineingeben und kurz und kräftig rühren. Die Masse in gefetten Dampfsiebeinsatz hineingießen und gleichmäßig verteilen.

Den Topf mit 7 cm Wasser füllen, Dampfeinsatz mit Idli-Masse hineingeben und zudecken. Circa 15–20 Minuten köcheln lassen (10 Minuten mit einem original Idli-Einsatz) bzw. solange bis die Masse schön aufgegangen ist. Den Dampfeinsatz herausnehmen, Idli in Stücke schneiden und sofort servieren. Sie bleiben auch am nächsten Tag saftig und frisch. Dazu eignet sich sehr gut ein Kokos-Joghurt-Chutney oder ein Gemüsegericht.

Gebackenes Gemüse in Kichererbsenteigmantel

6 Personen

Zutaten:

220 g Kichererbsenmehl

1 TL Kalonjisamen –
schwarzer Kümmel

½ TL Zimt

1 Prise Chilli

1 TL Koriander, gemahlen

1 TL Kurkuma

1 Messerspitze Asafötida

1,5 TL Salz

1 Prise Backpulver

300 ml Wasser

Sonnenblumenöl – zum Frittieren

1 Karfiol, gewaschen und
in kleine Röschen geschnitten

Zubereitung:

Das Kichererbsenmehl in eine große Schüssel geben und die Gewürze, Salz und Backpulver darunter mischen. Das kalte Wasser dazu gießen und so lange mit einem Schneebesen schlagen, bis ein glatter Teig entsteht, der dickflüssig genug ist, um das Gemüse zu überziehen. Sonnenblumenöl erhitzen. Es ist heiß genug, wenn ein Teigtropfen sofort zischend zur Oberfläche aufsteigt. Eine Handvoll Gemüse in den Teig rühren, bis es vollständig bedeckt ist. Das überzogene Gemüse stückweise herausholen und schnell in das heiße Öl legen. Die Pakoras einige Minuten frittieren, bis sie goldbraun sind. Herausnehmen und gut abtropfen lassen.

Weisskraut-Kürbis-Kofta (Fritierte Bällchen)

6–8 Personen

Zutaten:

½ Krautkopf, grob geschnitten

⅓ Hokkaido-Kürbis, fein geraspelt

150 g Kichererbsenmehl

⅓ TL Weinstein-Backpulver

1 ½ TL Salz

1 Chilischotte, fein geschnitten

1 EL frische Kräuter

1 TL Kalonji Samen, grob zerstoßen

1 TL Koriander, gemahlen

½ TL Kreuzkümmel, gemahlen

¼ TL Muskatnuss, gemahlen

2 Messerspitzen Asafötida

1 TL Kurkuma

Sonnenblumenöl zum Frittieren

Zubereitung:

Kraut in einer Küchenmaschine fein zermahlen.

Geraspelten Kürbis in eine Schüssel geben, Kraut, Gewürze, Salz, Backpulver und Kichererbsenmehl dazugeben und alles gut vermengen.

Es sollte eine nasse, klebrige Masse entstehen.

700 ml Sonnenblumenöl erhitzen. Aus der Masse kleine Kugeln formen (am besten mit Esslöffel) und in Öl goldbraun braten. Die Bällchen werden zu Boden fallen und ca. 1–2 Minuten liegen bleiben. In dieser Zeit die Bällchen nicht vom Boden entfernen. Sie brauchen einige Zeit, um fest zu werden.

Nach ein paar Minuten kann man mit einem Spachtel- oder Netzlöffel vorsichtig die Bällchen vom Boden aufheben, damit sie noch 2–3 Minuten im Öl auf der Oberfläche braten.

Vorsichtig mit einem Sieb herausnehmen und auf einer Küchenrolle abtropfen lassen.

Chutneys

9. Chutneys

⚜ Fruchtig-Scharfe Saucen ⚜

Chutneys sind ein Mix aus Früchten, Gewürzen und Rohrzucker und sollten am besten täglich auf dem Speiseplan stehen. Sie sind die optimale Beilage zu jedem Hauptgericht, da sie alle sechs Geschmacksrichtungen enthalten und erfrischend fruchtig schmecken.

Chutneys passen mit ihrem fruchtig-scharfen Geschmack optimal zu Snacks. Jedes Hauptgericht gewinnt durch die Beilage von einem bis zwei TL Chutney an Geschmack. Äpfel, Pfirsiche und Pflaumen eignen sich besonders gut für Chutneys. Grundsätzlich gelingt ein Chutney aber mit jeder Frucht.

Das Geheimnis eines guten Chutneys ist das richtige Verhältnis von Ingwer und Chili. Es ist wichtig, viel frischen Ingwer und nur mäßig Chili zu verwenden. Praktisch ist es, Chutneys für mehrere Tage im Voraus zuzubereiten. Sie können einfach im Kühlschrank aufbewahrt werden.

Apfel-Ingwer-Chutney

8–10 Personen

Zutaten:

1 kg Äpfel – 4 Stück

1 EL Ghee

1 EL Ingwer, frisch gerieben

½ TL Zimtpulver

1 TL Anissamen

1 Prise Nelkenpulver

½ TL Kurkuma

3 EL Rohrzucker

1 Prise Salz

Zubereitung:

Die gewaschenen Äpfel schälen vom Kerngehäuse befreien und in kleine Stücke schneiden.

Ghee in einem Topf erhitzen und die Anissamen anrösten. Danach die Äpfel und die restlichen Gewürze hinzufügen.

Alles ein paar Sekunden anrösten. Danach das Chutney mit 50 ml Wasser aufgießen und 5 Minuten zugedeckt köcheln lassen.

Den Deckel abnehmen und das Chutney weitere 10 Minuten köcheln, dass mehr Wasser verdampft.

Abschließend den Zucker und Prise Salz hinzufügen und noch 2 Minuten köcheln lassen.

Karamell-Bananen-Mandeln-Chutney

6–8 Personen

Zutaten:

3–4 Stück feste Bananen,
in dicke Scheiben
von 1½ cm geschnitten

4 EL Rohrzucker

1 TL Zimt

¼ TL Chilipulver

50 g Mandeln, ganz und geschält

100 ml Wasser

Zubereitung:

In einem Topf den Zucker karamellisieren lassen, ohne zu rühren.
Den Zucker mit Wasser aufgießen und den Topf sofort zudecken. Vorsicht vor dem
Dampf! Bis sich der Zucker vollständig aufgelöst hat, das Chutney köcheln lassen.

Abschließend Chili, Bananen, Zimt und Mandeln dazugeben und 2 Minuten weiter köcheln lassen.

Mango-Minze-Chutney

4 Personen

Zutaten:

2 Mangos, geschält und
würfelig geschnitten

10 Blätter Minze,
in dünne Streifen geschnitten

⅓ TL Kreuzkümmelsamen,
grob zerstoßen

⅓ TL Anissamen

1 TL frischer Ingwer, fein gerieben

1 Prise Salz

1 Chilischote, fein gehackt

2 EL Rohrohrzucker

1 EL Sesamöl

5 EL Wasser

Zubereitung:

In einem Topf Sesamöl erhitzen und darin Kreuzkümmelsamen braun anrösten. Danach Anis, Ingwer und Chili mit anrösten.
Mango und Wasser dazugeben und alles 5–7 Minuten zugedeckt köcheln lassen. Den Deckel abnehmen, Zucker und Salz hineingeben und weitere 5 Minuten köcheln lassen.

Zum Schluss die frische Minze hinzufügen, das Chutney von der Platte nehmen und 10 Minuten ziehen lassen.

Marillen-Chutney

4–6 Personen

Zutaten:

8 Marillen, gewaschen und geviertelt

½ TL Kalonji – schwarzer Kümmel

1 TL frischer Ingwer, fein gerieben

1 Chilischote, fein gehackt

2 EL Rohrohrzucker

1 Prise Salz

1 EL Sesamöl

2 EL Wasser

Zubereitung:

In einem Topf das Sesamöl erhitzen und darin Kalonji ein paar Minuten anbraten. Dann Chilischote und Ingwer dazugeben und mit anrösten.

Die Marillen und 2 EL Wasser hinzufügen und zugedeckt 5 Minuten köcheln lassen.

Den Deckel abnehmen, Rohrzucker und Salz dazugeben und alles 3–4 Minuten köcheln lassen.

Pfirsich-Nektarinen-Chutney

4–6 Personen

Zutaten:

3 Pfirsiche oder Nektarinen,
gewaschen und geachtelt

½ TL Anissamen

½ TL Kalonji – schwarzer Kümmel

1 TL frischer Ingwer, fein gerieben

1 Chilischote, fein gehackt

1 Messerspitze Nelkenpulver

2 EL Rohrzucker

1 EL Sesamöl

3 EL Wasser

1 Prise Salz

Zubereitung:

Das Sesamöl in einem Topf erhitzen und Kalonji und Anis für einige Sekunden anrösten.

Ingwer, Chili und Nelkenpulver dazugeben und mitrösten.

Die Pfirsiche hinzufügen, ein bisschen anrösten und danach mit 3 EL Wasser ablöschen.

Das Chutney 5 Minuten zugedeckt köcheln lassen.

Nachdem die Pfirsiche weich geworden sind, Zucker und Salz hinzufügen und weitere 3–4 Minuten ohne Deckel köcheln lassen.

Pflaumen-Zwetschken-Chutney

4–6 Personen

Zutaten:

½ kg Zwetschken

½ TL Koriander, gemahlen

½ TL Anissamen

½ TL Kardamom, gemahlen

1 EL Kokosraspeln

1 TL frischer Ingwer, gerieben

1 EL Sesamöl

3 EL Rohrzucker

2 Chilischoten, klein gehackt

3–4 EL Wasser

1 Prise Salz

Zubereitung:

Die Pflaumen waschen, entkernen und vierteln.

In einem Topf Sesamöl erhitzen und darin den Anissamen kurz anrösten. Koriander, Chili und Ingwer für einige Sekunden mitrösten.

Die Pflaumen, Kardamom und Kokos dazugeben und alles gut durchrühren. Wasser hineingießen und zugedeckt ca. 5 Minuten köcheln lassen. Ab und zu durchrühren.

Den Deckel wegnehmen, Zucker und Salz hinzugeben und weitere 10 Minuten köcheln lassen.

Kokos-Joghurt-Dal-Chutney

6–8 Personen

Zutaten:

250 ml Naturjoghurt

100 ml Wasser

5 EL Kokosraspeln

1 EL Urad Dal,
geschält und gespalten

1 Messerspitze Asafötida

½ TL schwarze Senfkörner

2 Chilischoten, fein gehackt

2 TL frischer Koriander oder
Petersilie, fein gehackt

1 TL Salz

1 frisches Curryblatt,
eventuell getrocknet

2 EL Sesamöl

Zubereitung:

Sesamöl in einer kleinen Pfanne erhitzen, die Senfkörner hineingeben und sofort zudecken. Wenn die Senfkörner nicht mehr springen, Deckel abnehmen und Urad Dal dazugeben. Alles gemeinsam langsam goldbraun anrösten. Danach Asafötida, Chili und Curryblätter dazugeben und mitrösten. Pfanne von der Platte nehmen.

In einer Schüssel Joghurt, Kokos, Wasser, frische Kräuter und Salz verrühren. Danach die gerösteten Gewürze und Dal dazugeben und alles gut vermengen. Das Chutney kalt stellen.

Aufstriche

⊰ Für die Würze am Morgen ⊱

10. PIKANTE AUFSTRICHE

⋇ Für die Würze am Morgen ⋇

Aufstriche haben keine lange vedische Tradition. Nach ayurvedischen Richtlinien zubereitet sind sie aber ein wahrer Genuss und bereichern die tägliche Jause. Als Grundmasse für die Aufstriche eignen sich besonders gut Sonnenblumenkerne, Frischkäse, Tofu, Kichererbsen oder Linsen. Mit frischen Kräutern und ein paar Gewürzen werden sie in einer Küchenmaschine zu einer Paste gemahlen oder verrührt. Dann auf Brote geschmiert und mit viel Rohkost garniert.

Die Aufstriche halten im Kühlschrank bis zu 3 Tagen.

Brokkoli-Mandel-Aufstrich

6–8 Personen

Zutaten:

1 Brokkoli

100 g Mandeln, geschält

1 EL Ahornsirup

1 TL Senf

1 Zitrone, ausgepresst

1 TL Salz

½ TL schwarzer Pfeffer

2 EL Kokosfett oder Butter

50–80 ml

1 EL frische Kräuter – Koriander, Petersilie oder Basilikum

Zubereitung:

Brokkoli waschen und in grobe Stücke schneiden. Kurz dämpfen (ca. 5 Minuten), sodass er noch bissfest bleibt.

In einer Kaffeemaschine, Nussreibe oder Küchenmaschine Mandeln fein zermahlen.

In einer Küchenmaschine Mandeln, Senf, Salz, Kokosfett, Pfeffer, Ahornsirup, Kräuter und Wasser cremig miteinander verrühren.

Brokkolistücke dazugeben und zu einer Creme zermahlen.

Man kann die Brokkoli-Mandel-Creme zum Schluss mit einem Stabmixer zerkleinern. Kalt stellen.

Humus-Kichererbsen-Sesam-Aufstrich

6–8 Personen

Zutaten:

200 g Kichererbsen,
über Nacht eingeweicht

2 EL Sesammus – Tahina

1 Zitrone, ausgepresst

5–6 EL Olivenöl

⅔ TL Salz

1 Prise schwarzer Pfeffer

Zubereitung:

Kichererbsen über Nacht einweichen. Danach mindestens 2 Stunden in viel Wasser kochen (wie Nudeln). Gut abtropfen lassen und kalt abspülen.

Die Kichererbsen mit den anderen Zutaten in einer Küchenmaschine zu einer glatten Paste mixen. Die Paste sollte gleichmäßig, ohne große Kichererbsenstücke vermahlen sein. Vielleicht muss man ein wenig (2–3 EL) Wasser hinzufügen, damit die Küchenmaschine das schafft.

Vegetarischer Leberwurstaufstrich

4–6 Personen

Zutaten:

*100 ml Sonnenblumenkerne,
fein gemahlen*

*100 g Räuchertofu,
püriert in der Küchenmaschine*

2 EL eifreie Mayonnaise

¼ TL schwarzer Pfeffer

⅓ TL Salz

1 TL Senf

100 ml Wasser

Zubereitung:

Alle Zutaten in einer Küchenmaschine glatt rühren.

Fertig!

Paneer-Curry-Kräuter Aufstrich

4–6 Personen

Zutaten:

*200 g Paneer – hausgemachter Käse
(s. Seite 60) oder Topfen*

1 TL Currypulver

*1 EL frische Kräuter, gemischt – Dill,
Majoran oder Petersilie*

1 TL Butter

1 EL Sauerrahm

⅓ TL schwarzer Pfeffer

½ TL Salz

Zubereitung:

Alle Zutaten in einer Küchenmaschine zu
einer Paste vermahlen. Kalt stellen.

Fertig.

Paneer-Avocado-Basilikum-Aufstrich

4–6 Personen

Zutaten:

*200 g Paneer (s. Seite 60)
oder als Alternative Topfen*

*50 g Kürbiskerne,
fein gemahlen (kann entfallen)*

1 Avocado

*10 Blätter frisches Basilikum,
in Streifen geschnitten*

1 Prise Asafötida

½ TL Salz

⅓ TL schwarzer Pfeffer

½ Zitrone, ausgepresst

Zubereitung:

Paneer in einer Küchenmaschine glatt zermahlen oder auf der Arbeitsfläche glatt zerkneten.
Avocado halbieren, Kern herausnehmen und schälen. In Stücke schneiden.

In einer Küchenmaschine alle Zutaten vermengen und zu einer Paste zermahlen. Kalt stellen und am gleichen Tag verbrauchen.

Rote-Linsen-Tahin-Aufstrich

6–8 Personen

Zutaten:

200 g rote Linsen

4 EL Olivenöl

1 EL Tahina – Sesammus

2 EL Semmelbrösel

1 TL Salz

½ TL schwarzer Pfeffer

2 EL Petersilie, fein gehackt

2 Messerspitzen Asafötida

1 Zitrone, ausgepresst

½ TL Paprikapulver, edelsüß

½ TL Kreuzkümmel gemahlen

Zubereitung:

Rote Linsen waschen und in ½ l Wasser in einem Topf zum Kochen bringen.
10 Minuten köcheln lassen und ab und zu umrühren. Nach 10 Minuten sollten die roten Linsen so weit sein, dass sie zwar gekocht sind, aber nicht auseinanderfallen. Wenn sie noch sehr hart sind, weitere 5 Minuten köcheln lassen.
Die Linsen kalt abspülen und gut abtropfen lassen.

In einer Küchenmaschine mit allen anderen Zutaten zu einer glatten Paste verrühren. Kalt stellen.

Salate und Raitas

❖ Rohkost zu Mittag ❖

11. Salate und Raitas

⚙ Rohkost zu Mittag ⚙

Salate sind erfrischend und leicht und sollten nur zu Mittag gegessen werden, da sie sonst schwer verdaut werden können. Raitas sind traditionelle Salate, die man aus rohem oder gekochtem Gemüse und Joghurt zubereitet. Von Raitas nimmt man weniger als vom Blattsalat. Sie sind gehaltvoller und würziger als gewöhnlicher Rohkostsalat. Sie heben den Geschmack der Hauptspeise hervor und helfen der Verdauung.

Einen Salat macht man gehaltvoller oder sogar zum Hauptgericht, indem man ein paar Nudeln, Avocado, Tofu oder leicht geröstete Brotwürfel dazugibt. Solche Salate sind vor allem im Sommer zu empfehlen, da man bei der Hitze etwas Erfrischend-Leichtes, aber doch Substanzvolles zu sich nehmen möchte.

In der kalten Jahreszeit haben wir lieber warme oder aus gekochtem Gemüse mit süß-säuerlichen Dressings zubereitete Salate.

Warmer Gemüsesalat

4–6 Personen

Zutaten:

½ Karfiol, in Röschen geschnitten

3 Kartoffeln, geschält und
in Würfel geschnitten

2 Karotten,
geschält und in Stäbchen geschnitten

½ rote Paprika,
in Stäbchen geschnitten

3–4 EL Olivenöl

½ Zitrone, ausgepresst

frische Kräuter – am besten Basilikum,
fein gehackt

½ TL Kurkuma (kann entfallen)

¼ TL schwarzer Pfeffer

50 g/2 EL Sonnenblumenkerne oder
Kürbiskerne, geröstet

Zubereitung:

In einem Topf 1 l Wasser zum Kochen bringen und Karotten und Kartoffeln hineingeben. Circa 10 Minuten köcheln lassen.

Karfiol und Paprika hineingeben und weitere 5 Minuten köcheln lassen.

Vorsichtig das Wasser abgießen (kann man für eine Suppe aufheben) und Olivenöl, Zitronensaft, frische Kräuter, Kurkuma, Pfeffer und Kerne dazugeben und sanft unterrühren.

Fertig!

Gemüsesalat ist ideal zu Getreidelaibchen oder Polentaschnitten oder einfach mit einem Stück Brot und einem Klecks Joghurt.

Man kann auch Fisolen, Brokkoli, Süßkartoffeln, Kohlrabi und Wirsing ausprobieren. Wichtig ist, dass man immer ein paar Kartoffeln dabei hat, damit es gut sättigt.

Eine andere Variation bieten vegetarische Würstchen (klein schneiden, ein bisschen in 1 TL Ghee braten und dazugeben).

Sommerlicher Reissalat mit Kalamata-Oliven, Fetakäse und Gemüse

4 Personen

Zutaten:

200 ml Arborio oder italienischer Rundkornreis

390 ml Wasser

1 TL Ghee

1 rote Paprika, klein würfelig geschnitten

1 Zucchini, klein würfelig geschnitten

1 Karotte, klein würfelig geschnitten

2 Blätter Mangold, in Streifen geschnitten

⅓ TL Salz, für Gemüse

2 EL Olivenöl

10 Stück Kalamata-Oliven, entkernt und geschnitten

50g Fetakäse, klein-würfelig geschnitten

10 Blätter frischer Basilikum, in dünne Streifen geschnitten

⅓ TL schwarzer Pfeffer

1 TL Salz – für den Reis

1 Messerspitze Asafötida

½ TL Paprikapulver

½ TL Oregano

2 Tomaten, enthäutet, entkernt und klein geschnitten

1 Zitrone, ausgepresst

Zubereitung:

In einem Topf Ghee erhitzen, Reis dazugeben und 1 Minute anrösten.

Wenn der Reis glasig geworden ist, Asafötida dazugeben und kurz anrösten. Wasser darauf gießen, salzen, vorsichtig umrühren und zugedeckt auf kleiner Flamme ca. 12–15 Minuten köcheln lassen.

Klein geschnittenes Gemüse in einem Wok mit 1 EL Sonnenblumenöl kurz anrösten (ca. 3–4 Minuten, sodass es noch bissfest ist), Salz, Pfeffer, Oregano, Paprikapulver, Tomaten und Basilikum hinzufügen.

Gemüse, Fetakäse, Oliven und Zitronensaft mit fertig gekochtem Reis vorsichtig verrühren.

Dieses Gericht kann man warm oder kalt genießen.

Waldorfsalat

3–4 Personen

Zutaten:

1 Apfel

¼ Sellerieknolle – geschält

2 Karotten

1 Handvoll Nüsse –
Walnüsse, Cashewkerne oder
geschälte, geröstete Mandeln

Dressing:

2 EL Olivenöl

½ Zitrone, ausgepresst

50 ml Apfelsaft, naturtrüb

1 TL Senf

Salatkräuter

½ TL Salz

Pfeffer

Zubereitung:

Apfel, Sellerie, Karotten schälen und fein raspeln.
Dressing gut verrühren und darübergießen.
Fertig!

Tipp:

Mit rohen roten Rüben schmeckt der Salat ebenfalls sehr gut.

Nudel-Avocado-Kichererbsen-Salat

4–6 Personen

Zuaten:

100 g Penne, Farfalle oder Spiralli

1 Avocado

100 g gekochte Kichererbsen

2 Tomaten

½ rote Paprika

1 Zitrone, ausgepresst

4 EL Olivenöl

*10 frische Basilikumblätter,
in dünne Streifen geschnitten*

1 TL Salz

½ TL Rohrzucker

⅓ TL schwarzer Pfeffer

⅓ TL rotes Paprikapulver, edelsüß

Zubereitung:

Kichererbsen über Nacht einweichen und am nächsten Tag 1 ½ Stunden in viel Wasser kochen. Kalt abspülen und gut abtropfen lassen.

Die Nudeln bissfest kochen und gut abtropfen.

Tomaten, Paprika und Avocado waschen und in kleine Würfel schneiden. Sofort mit Zitronensaft besprühen, damit die Avocado nicht schwarz wird.

Nudeln, Kichererbsen, Gemüse und alle andere Zutaten vorsichtig zusammenrühren. Sofort servieren.

Rucola-Tofu-Tomaten-Salat

3 Personen

Zutaten:

100 g Rucola-Salat	⅓ TL Senf
50 g Radicchio	½ TL Salz
100 g Tofu Natur oder geräuchert, in Würfel geschnitten	½ TL Salatkräuter
1 EL Sojasauce	1 Prise schwarzer Pfeffer
2 Tomaten	½ TL Rohrzucker
2 EL Balsamicoessig	2 EL Sesamöl, kalt gepresst
2 EL Olivenöl	2 EL Sesamöl in einer Pfanne erhitzen und Tofuwürfel darin goldbraun anrösten. Mit 1 EL Sojasauce ablöschen und auskühlen lassen.
50 ml Apfelsaft, naturtrüb	

Zubereitung:

Rucola und Radicchio waschen und in Streifen schneiden.
Tomaten waschen und in Würfel schneiden.
Für das Dressing Senf, Balsamico, Olivenöl, Salz, Salatkräuter, Apfelsaft, Rohrzucker und Pfeffer mit einem Schneebesen zusammenrühren.

In einer Salatschüssel Radicchio, Rucola, Tomaten und Tofu vermischen, mit dem Dressing übergießen und gut unterrühren. Sofort servieren.

Jungkraut-Rapunzel-Salat mit Avocado

4 Personen

Zutaten:

½ Jungkraut

1 Avocado

1 Karotte

50 g Feldsalat

2 EL Sonnenblumenkerne,
trocken angeröstet

½ Zitrone, ausgepresst

50 ml Apfelsaft, naturtrüb

4 EL Olivenöl

½ TL Salatkräuter

1 Prise schwarzer Pfeffer

½ TL Salz

Zubereitung:

Jungkraut waschen und in dünne Streifen reiben. Feldsalat (Rapunzel) waschen und gut abtropfen lassen. Avocado waschen, schälen und in Würfel schneiden. Die Karotte waschen, schälen und grob raspeln.
Für das Dressing Zitronensaft, Apfelsaft, Olivenöl, Salatkräuter, Pfeffer und Salz mit einem Schneebesen gut zusammenrühren.

In einer Salatschüssel Kraut, Feldsalat, geraspelte Karotte, Sonnenblumenkerne und Avocado vermengen und mit dem Dressing übergießen und sanft verrühren.

Kartoffel-Kokosnuss-Raita

4 Personen

Zutaten:

½ kg festkochende Kartoffeln

3 EL Kokosraspeln

1 TL Sesamöl

½ TL schwarze Senfkörner

250 ml Joghurt (3,6 % Fett)

1 Prise Asafötida

⅓ TL rotes Paprikapulver, edelsüß

1 EL frisch geschnittener Petersilie oder Koriander

½ TL Salz

Zubereitung:

Die Kartoffeln mit der Schale weich kochen und auskühlen lassen.

Inzwischen Joghurt mit Kokosraspeln, Salz und Petersilie in einer großen Schüssel verrühren.

Die Kartoffeln schälen, würfelig schneiden und zu Joghurtsauce dazugeben.

Sesamöl in einer Pfanne erhitzen, Senfkörner hineingeben und die Pfanne zudecken. Die Senfkörner werden aufspringen, und das ist das Zeichen, dass sie fertig sind. Die Pfanne von der Flamme wegnehmen und Paprika und Asafötida kurz mit anrösten und alles in das Joghurt-Kartoffel-Raita hineingeben. Gut verrühren und für 1–2 Stunden kalt stellen.

Endivien-Kartoffel-Kürbiskern-Salat

3–4 Personen

Zutaten:

2 Kartoffeln,
in der Schale gekocht, geschält und in
dünne Scheiben geschnitten

¼ Endivien Salat

2 EL Kürbiskerne,
leicht trocken angeröstet

2 EL Kürbiskernöl

½ Zitrone, ausgepresst

½ TL Salatkräuter

1 Prise schwarzer Pfeffer

½ TL Salz

1 Prise Rohrzucker

Zubereitung:

Endivie waschen, abtropfen und in 7 mm dünne Streifen schneiden. In eine große
Salatschüssel geben.

Alle andere Zutaten dazugeben und sanft zusammenrühren.

Auberginen-Walnuss-Raita

4 Personen

Zutaten:

1 Aubergine
2 EL Olivenöl
50 g Walnüsse
250 ml Naturjoghurt
2 EL Topfen
1 TL Currypulver
½ TL Paprikapulver, edelsüß
1 Chilischote, fein gehackt
⅔ TL Salz
1 EL Petersilie, fein gehackt

Zubereitung:

Aubergine waschen und in grobe Stücke schneiden. Backrohr auf 250 °C aufheizen, Aubergine mit Olivenöl besprühen und für 15–20 Minuten im Backofen grillen. Herausnehmen und auskühlen lassen. Die Walnüsse grob hacken.

Joghurt mit Topfen, Gewürzen, Salz und Kräutern in einer Schüssel vermischen, ausgekühlte Auberginenstücke und Walnüsse dazugeben und gut verrühren. Kalt stellen.

Minze-Raita

4 Personen

Zutaten:

250 ml Naturjoghurt

10 frische Minzeblätter oder ½ TL getrocknete Minze

1 Prise Salz

¼ TL schwarzer Pfeffer

1 EL Olivenöl

1 EL Sauerrahm

Zubereitung:

Die frischen Minzeblätter fein hacken und sofort mit allen anderen Zutaten vermischen. Kalt stellen.

Bananen-Raita mit Koriander

4–6 Personen

Zutaten:

2 Bananen, in Scheiben geschnitten,
ca. 4 mm dick

250 ml Naturjoghurt

½ TL schwarze Senfkörner

1 TL frischen Koriander, fein gehackt

1 Prise Salz

½ TL Sesamöl

Zubereitung:

Sesamöl in einer kleinen Pfanne erhitzen
und Senfkörner dazugeben. Die Pfanne
zudecken und warten, bis die Senfkorner
nicht mehr springen. Wenn die Senfkörner grau sind, sind sie fertig.

In einer Schüssel alle Zutaten vorsichtig
vermischen. Fertig!

Gelbe Linsen-Raita

6–8 Personen

Zutaten:

100 g Chana Dal (geschälte und ge-
spaltene Kichererbsen), über Nacht
eingeweicht oder mindestens 2
Stunden lang

300 ml Naturjoghurt

½ TL Kreuzkümmelsamen

½ TL schwarze Senfkörner

1 TL frischer Ingwer, fein gerieben

1 Chilischote, fein geschnitten

½ TL Kurkuma

1 Messerspitze Asafötida

½ TL Garam Masala

1 EL Petersilie, fein gehackt

2 TL Sesamöl

1 TL Salz

Zubereitung:

Chana Dal waschen und in 700 ml Wasser ca. 30–40 Minuten kochen. Die Linsen sollten gekocht sein, aber nicht auseinanderfallen. Kalt abspülen und gut abtropfen lassen.

In einer kleinen Pfanne Sesamöl erhitzen und die Senfkörner hineingeben. Die Pfanne mit einem Deckel zudecken und warten, bis die Senfkörner nicht mehr springen. Kreuzkümmelsamen mit anrösten, bis sie braun werden, dann Ingwer, Kurkuma, Chili und Asafötida kurz mit anrösten. Von der Flamme wegnehmen.

In einer Schüssel Dal, Joghurt, Petersilie, Salz und geröstete Masala vermengen und mit Garam Masala bestreuen.

Gurken-Karotten-Raita mit Topfen

6 Personen

Zutaten:

250 ml Naturjoghurt

½ große Salatgurke, geschält und
in dünne Scheiben geschnitten

1 Karotte, geschält und fein gerieben

1 EL Topfen

1 TL gelbe Senfkörner,
grob zerstoßen

1 Prise Asafötida

½ TL Currypulver

½ TL Salz

1 Chilischote, fein geschnitten

1 TL Sesamöl

Zubereitung:

In einer Schüssel Topfen mit Joghurt vermengen und Karotten, Gurken, Salz und
Currypulver dazugeben.

Sesamöl in einer kleinen Pfanne erhitzen
und gelbe Senfkörner darin goldbraun
anrösten. Asafötida und Chili kurz mit
anrösten und die Masala zur Joghurt-
Gurken-Mischung geben.

Eventuell mit frischen Kräutern verfeinern und gut verrühren.

Im Kühlschrank aufbewahren.

Desserts

◦❖ Ein wenig Süßes mit gutem Gewissen genießen ❖◦

12. Sweets und Desserts

❧ Ein wenig Süßes mit gutem Gewissen genießen ☙

Ayurvedisch backen ohne Ei

Süßigkeiten sind nach Ayurveda etwas ganz Besonderes. Es sind Liebesgaben. Mit einer Süßigkeit kann man den Heißhunger besänftigen und sich oder seine Lieben verwöhnen.

In Indien werden speziell die Süßigkeiten als Opfergabe verwendet, um das Göttliche zu preisen. Danach werden diese heiligen Reste (Prasadam) an viele Gottgeweihte verteilt.

Die Desserts in diesem Kochbuch werden ausschließlich mit Rohrzucker hergestellt, da weißer Zucker starke körperliche Beschwerden und Ungleichgewicht verursachen kann. Rohrzucker oder Vollrohrzucker enthält die ursprünglichen Mineralien und Vitamine und wirkt nicht säuerlich auf unseren Organismus. In kleinen Mengen eingenommen wirkt er wie „Rasayana", ein Verjüngungsmittel. Besonders gut sind Süßpeisen für Vata- und Pitta-Typen. Kapha-Leute sollten weniger davon essen.

Nach Ayurveda sind Eier wahre Cholesterin- und Bakterienbomben und vertragen sich schlecht mit Kohlehydraten. Sie verfaulen in Magen-Darm-Trakt noch schneller als Fleisch und stören die Darmflora.

Man braucht keine Eier, um Torten, Kuchen, Palatschinken, Strudel oder Knödel zu machen. Überzeugen Sie sich selbst, wie saftig und flaumig, aber gleichzeitig kompakt ayurvedische Kuchen sind. In Kombination mit Rohrzucker, Früchten und Nüssen schmecken sie lecker, sind cholesterinfrei und für alle ein Genuss.

Carob – Kakao-Walnuss-Torte (Becher-Kuchen)

Zutaten:

1 Banane, zerquetscht

¾ Tasse Rohrzucker

3 EL Carob oder Kakao

⅓ Tasse Biobutter, geschmolzen

2 Tassen Mehl
(1 Tasse Vollkorn, 1 Tasse Typ 700)

1 Tasse Biomilch und Saft einer Zitrone

½ Packung Weinstein-Backpulver

50 g Walnüsse, gehackt

1 TL Zimtpulver

3 EL Marillenmarmelade

1 Packung Vanillezucker

1 TL Sojamehl oder 3 EL Sojasahne

Kokosraspeln zum Bestreuen

Guss:

100 g Kochschokolade

1 TL Butter

50 ml Milch

1 EL Rohrzucker

Zubereitung:

Zucker, Milch, Zitronensaft, Vanille, Butter, Zimt, Kakao und Sojamehl gut verrühren, bis sich der Zucker vollständig aufgelöst hat.

1 zerquetschte Banane dazugeben. Mehl und Weinsteinpulver dazugeben und kurz und kräftig rühren, bis keine Klumpen mehr zu sehen sind. Zum Schluss grob gehackte Walnüsse unterrühren. Backform mit Butter bestreichen und mit Mehl bestäuben. Die Masse vorsichtig hineingeben, gleichmäßig verteilen und bei 220 °C 10 Minuten backen. Dann auf 180–190 °C zurückstellen und weitere 15–20 Minuten backen.

Marmelade mit 4 EL Wasser verdünnen und kurz aufkochen lassen. Auf den heißen Kuchen gießen. In einem kleinen Topf Kochschokolade, Butter, Rohrzucker und Milch vorsichtig aufwärmen, mit einem Schneebesen glatt rühren und auf den Kuchen gießen. Mit Kokos bestreuen.

Energie-Bällchen

Zutaten:

180 g Butter oder Alsan-Margarine

40 Dag geröstete,
geriebene Haselnüsse

180 ml starker Getreide- oder
Malzkaffee

300 g Vollrohrzucker

500 g Haferflocken – Kleinblatt

Zimt und Kokosflocken

Zubereitung:

Margarine in einer großen Schüssel verrühren und Malzkaffee dazugeben. Mit
einem Schneebesen weiter rühren, bis
sich die Margarine aufgelöst hat. Zucker,
Zimt und Nüsse dazurühren.

Nach und nach die fein gemahlenen
Haferflocken beimengen, bis eine feste
Masse entsteht. Die Masse kalt stellen,
nach einigen Stunden kleine Bällchen
formen und in Kokosflocken ausrollen.
Die Bällchen kühl stellen.

Karamell-Griess-Halava

Zutaten:

100 g Rohrzucker

90 g Butter

110 g Weizen- oder Dinkelgrieß

1 EL Rosinen

2 Bioorangenschale, gerieben

350 ml Wasser

Zubereitung:

Den Zucker bei niedriger Flamme schmelzen, Wasser darauf gießen und sofort zudecken. Vorsicht vor dem Dampf! Köcheln lassen, bis sich der Zucker vollständig aufgelöst hat.

Die Butter schmelzen lassen, den Grieß dazugeben und ca. 10 Minuten auf niedriger Flamme anrösten. Die Rosinen und die Orangenschalen zu der Karamellmilch geben, dann den angerösteten Grieß. Alles zusammen 2 Minuten köcheln lassen, bis die Masse eindickt. Die Masse auf einem Tablett verteilen und ausgekühlt in Stücke schneiden und servieren.

Safran-Halava

Zutaten:

¾ l Wasser

200 g Rohrzucker

15 Safranfäden, zerstoßen

1 Handvoll Rosinen

180 g Butter

220 g Weizen- oder Dinkelgrieß

2 Äpfel, geschält und geschnitten

1 Handvoll geschnittene Nüsse

Zubereitung:

Die Butter in einem Topf auf mittlerer Flamme schmelzen, den Grieß dazugeben und 10–15 Minuten rösten (immer umrühren), bis der Grieß goldbraun geworden ist.

Inzwischen Äpfel und Rosinen in einem Topf aufkochen und ca. 5 Minuten köcheln lassen, bis die Äpfel durch sind. Zucker, Nüsse, und Safran dazugeben.

Die Grieß-Butter-Masse langsam in das Apfel-Safran-Zucker-Wasser geben und vorsichtig umrühren. Weitere 2 Minuten köcheln lassen und ständig umrühren, bis die Halava eingedickt ist. Zugedeckt 5 Minuten ruhen lassen.

Halava am besten warm genießen. Man kann auch Kugeln daraus formen und in Kokos wälzen.

Mango-Mascarpone-Torte

Teig:

⅔ Tasse Rohrzucker

1 Tasse Biomilch oder Sojamilch und
Saft von 1 Zitrone verrühren

1 Packung Vanillezucker

1 Packung Weinstein-Backpulver

2 Karotten, fein geraspelt

1 TL Kardamom

2 Tassen Biomehl Typ 700

⅓ Tasse Sonnenblumenöl oder Alsan-
Margarine oder Biobutter

1 Schale einer Biozitrone

Creme:

250 g Mascarino oder Mascarpone

250 g Topfen (glatt)

4–5 EL Rohrohrzucker

5–6 EL Mangomus
(so viel, dass die Creme noch fest ist)

Zubereitung:

Zucker, Milch, Zitronensaft, Vanille, Öl oder Margarine, Kardamom und Zitronenschale verrühren. Mehl und Weinstein-Backpulver kurz und kräftig dazu rühren. Es
sollen keine Klumpen bleiben. Dann geraspelte Karotten hinzufügen. Backform gut
mit Butter bestreichen und mit Mehl bestäuben. Die Masse vorsichtig hineingeben
und bei 220 °C 10 Minuten backen. Danach die Hitze auf 180 °C zurückstellen und
weitere 15–20 Minuten backen.

Torte gut auskühlen lassen.

Für die Creme alle Zutaten fein verrühren und auf die Torte gleichmäßig strei-
chen.

Sofort kühl stellen.

Besan Laddu

(Konfekt aus Kichererbsenmehl)

Zutaten:

230 g Butter

270 g Kichererbsenmehl

2 EL geröstete Haselnüsse, gemahlen

½ TL Zimtpulver oder

Kardamompulver

1 EL Carob

130 g Staubzucker – aus Rohrzucker

1 EL Honig oder Ahornsirup

Zubereitung:

Die Butter in einer Bratpfanne auf kleiner Flamme schmelzen, das Kichererbsenmehl mit einem hölzernen Kochlöffel einrühren. Nach ca. 15 Minuten ständigem Rühren sollte das Mehl so weit geröstet sein, dass es einen nussigen Geruch verströmt. Die Pfanne vom Feuer nehmen und den Staubzucker hinein geben. Auskühlen lassen (ca. 15 Minuten).

Jetzt alle andere Zutaten einrühren und die Masse auf einem leicht gefetteten Blech glatt ausstreichen und 1 Stunde kühl stellen (Kühlschrank, wenn möglich). Gekühlte Masse in kleine Ecken schneiden und servieren.

Apfelkuchen ohne Teig

Zutaten:

150 g Vollkorndinkelmehl

150 g Grieß

150 g Staubzucker aus
Vollrohrzucker

200 g Butter

1 Packung Vanillinzucker

1 TL Zimt

1 Prise Salz

1,5 kg Äpfel

Sonnenblumenkerne zum Streuen
(kann entfallen)

Zubereitung:

1 tiefe Auflaufform (20 x 30) mit Fett bestreichen.

Vollkornmehl, Grieß, Staubzucker, Salz, Vanillinzucker und Zimt miteinander gut vermengen, in 3 Teile teilen und beiseite stellen.

Die Äpfel waschen, schälen, reiben und in 2 Teile teilen.

Backofen auf Ober- und Unterhitzehitze einstellen und auf 200 °C erhitzen.

Butter schmelzen lassen.

Den ersten Teil der Grieß-Mehl-Zucker Masse in der Form verteilen und mit dem ersten Teil der geriebenen Äpfel bedecken. Dann die zweite Schicht Grieß-Mehl-Masse verteilen und mit dem zweiten Teil der Äpfel bedecken. Jetzt mit der dritten Schicht Grieß-Mehl-Masse bedecken und mit Sonnenblumenkernen dekorieren.

Die Hälfte der Butter mit einem Esslöffel auf dem Kuchen verteilen und im Backrohr 20 Minuten bei 200 °C backen.

Den Kuchen mit der anderen Hälfte der geschmolzenen Butter begießen und weitere 25 Minuten backen.

Fertig!

Karotten-Mandeln-Halava

Zutaten:

500 g Karotten

50 g Butter

250 ml Milch oder Sojamilch

100 g Rohrzucker

1 EL Rosinen

2 EL Mandeln,
geschält und in Stifte geschnitten

½ TL Kardamom, gemahlen

Zubereitung:

Karotten schälen und fein reiben oder in einer Küchenmaschine zermahlen.
In einem Topf Butter erhitzen und die Karottenmasse 5 Minuten anrösten.
Milch hineingießen und ca. 25 Minuten kochen, bis die Halava eindickt. Dabei
immer wieder umrühren.
Zucker, Rosinen, Mandeln und Kardamom hineingeben und weitere 10–15 Minuten unter ständigem Rühren köcheln, damit die Masse sehr dick und kompakt
wird. Die Milch muss vollständig eindicken und die Karotten sollten eine wunderschöne dunkel-orange Farbe haben.
Die Halava kann man in Schälchen servieren und warm genießen oder auf einem
Blech verteilen, auskühlen lassen und dann in Stücke schneiden, oder – wie ab-
gebildet – kleine Nockerln machen.

Palatschinken ohne Ei

Zutaten:

250 ml Milch – oder Sojamilch

150 ml Wasser – oder Mineralwasser
(nach Bedarf mehr)

100 g Dinkelvollkornmehl

150 g Mehl Typ 700 oder 630

½ TL Salz

die abgeriebene Schale einer Biozitrone

½ TL Kurkuma

1 EL Sojamehl

Sesamöl oder Sonnenblumenöl

Zubereitung:

Alle Zutaten mit einem Schneebesen glatt verrühren. Der Teig sollte nicht zu flüssig und nicht zu dick sein, damit er leicht vom Schöpfer rinnt und nicht kleben bleibt.

Eine Palatschinkenpfanne erhitzen und 2 Tropfen Öl hineingeben. Sobald das Öl heiß ist, einen Schöpfer Palatschinkenteig dünn hineingießen und auf beiden Seiten goldbraun backen.

Für die Füllung verwenden Sie Marmeladen, die Sie mit Rohrzucker oder mit Fruchtdicksaft süßen.

Variationen von Fruchtmus, Ahornsirup oder Nusscreme eignen sich besonders gut als Fülle.

Apfel-Gelee-Kuchen mit Schlagsahne

Teig:

1 Becher Vollkornmehl –
Dinkel oder Weizen

1 Becher Mehl Typ 700

⅓ Becher geschmolzene Butter

¾ Becher Vollrohrzucker

1 Prise Salz

⅔ Packung Weinstein-Backpulver

1 Becher Milch oder Sojamilch und
2 EL Zitronensaft verrühren,
bis dicke Sauermilch entsteht

1 EL Sojamehl

4 EL Kakao oder Carob

½ TL Zimtpulver

⅓ TL Nelkenpulver

½ TL Kurkuma

Gelee:

1 kg Äpfel, geschält und in dünne Scheiben
geschnitten

100 ml Apfelsaft, naturtrüb

2,5 gehäufte EL Maisstärke

100 g Rohrzucker

1 TL Zimt

Schlag:

1 Packung Vanillinzucker

300 ml Schlagsahne

⅓ TL Kardamompulver

Zubereitung:

In einer Schüssel Sauermilch, geschmolzene Butter, Sojamehl, Prise Salz, Vollrohrzucker, Vanillinzucker, Kurkuma, Nelkenpulver, Zimt und Kakao verrühren. Der Zucker muss sich dabei auflösen. Beim Kakao und Carob aufpassen, dass sich keine Klumpen bilden. Am besten durch ein Sieb lassen.
Backrohr auf Ober- und Unterhitze stellen und auf 220 °C aufheizen.
Mehl und Weinstein-Backpulver dazurühren (kurz und kräftig). Die dicke Masse sollte klumpenfrei sein.
Eine Tortenform mit Fett bestreichen und mit ein bisschen Mehl oder Grieß bestäuben. Die Biskuitmasse vorsichtig hineingießen und mit einer Küchenspachtel gleichmäßig verteilen. Dabei den Tortenboden nicht rühren, sonst verbrennt der Kuchen.
In den heißen Backofen schieben und 10 Minuten bei 220 °C backen. Dann auf 180–190 °C zurückschalten und weitere 15–20 Minuten backen.

In einem Topf die Äpfel mit 3 EL Wasser zugedeckt aufkochen lassen und 10 Minuten kochen, bis die Äpfel weich sind.
In einer Schüssel Apfelsaft mit Zimt und Maisstärke verrühren und zu den Äpfeln geben. Rohrzucker dazugeben, 2 Minuten kochen während dessen mit einem Schneebesen ruhren, bis die Äpfel eine dicke „Puddingmasse" ergeben.
Das noch heiße Apfel-Gelee über den fertigen Kuchenbuisquit gießen und gleichmäßig verteilen. Den Kuchen auskühlen lassen.
Schlagsahne mit Vanillinzucker und Kardamompulver steif schlagen und über den ausgekühlten Kuchen verteilen.

Eventuell mit geriebenen Nüssen oder Zimt und Kakao dekorieren.

Für 2 Stunden kalt stellen.

Dattel-Carob-Kuchen

Zutaten:

1 Becher Vollkornmehl –
Dinkel oder Weizen

1 Becher Mehl Typ 700

⅓ Becher geschmolzene Butter

¾ Becher Vollrohrzucker

1 Prise Salz

½ Packung Weinstein-Backpulver

100 g Datteln, entsteint und
grob geschnitten

1 Becher Milch + 2 EL Zitronensaft
verrühren, bis dicke Sauermilch entsteht

1 EL Sojamehl

4 EL Kakao oder Carob

½ TL Zimtpulver

abgeriebene Schale 1 Bio Orange

⅓ TL Nelkenpulver

½ TL Kurkuma

1 Packung Vanillinzucker

Mandelblätter für Deko

Guss:

100 g Kochschokolade

1 TL Butter

50 ml Milch

1 EL Rohrzucker

Zubereitung:

Datteln in wenig Milch (ca. 50 ml) aufkochen lassen. Von der Flamme nehmen.
In einer Schüssel die Sauermilch, geschmolzene Butter, Orangenschale, Sojamehl, eine Prise Salz, Vollrohrzucker, Vanillinzucker, Kurkuma, Nelkenpulver, Zimt und Carob oder Kakao verrühren. Der Zucker muss sich dabei auflösen. Beim Carob aufpassen, dass sich keine Klumpen bilden. Am besten durch ein Sieb reiben.
Backrohr auf Ober- und Unterhitze stellen und auf 220 °C aufheizen.
Mehl und Weinstein-Backpulver dazurühren (kurz und kräftig). Die dicke Masse sollte klumpenfrei sein.
Ausgekühlte Datteln zum Biskuitteig geben und gleichmäßig unterrühren.
Eine Tortenform ausfetten und mit ein bisschen Mehl oder Grieß bestäuben. Die Biskuitmasse vorsichtig hineingießen und mit einer Küchenspachtel gleichmäßig verteilen. Dabei den Tortenboden nicht berühren, sonst verbrennt der Kuchen.
Ins heiße Backrohr schieben und 10 Minuten bei 220 °C backen. Dann auf 180–190 °C zurückschalten und weitere 15–20 Minuten backen.

In einem kleinen Topf alle Zutaten für Guss den erwärmen und glatt rühren. Den Guss auf den noch heißen Kuchen gießen und mit Mandelblättern bestreuen.

Die Torte unbedingt zwei Stunden ruhen lassen, bevor man sie anschneidet.

Shrikand – Dickjoghurt mit Safran und Orangenschale

Zutaten:

1 l Joghurt Natur
½ TL Safranfäden
1 geriebene Schale einer Bioorange
80 g Rohrzucker

Zubereitung:

Ein großes Sieb auf eine große Schüssel setzen. Darauf ein Musselintuch 2- bis 3-mal falten und auflegen. Das Tuch muss so groß sein, dass es den ganzen Liter Joghurt aufnehmen kann und man die Enden außerhalb des Siebes greifen kann. Die Enden des Tuchs zusammenbinden und aufhängen, damit man die Flüssigkeit auffangen kann, wenn sie abtropft.

Der Joghurt mindestens vier Stunden abtropfen lassen. Der Joghurt muss danach sehr dick sein. Die Hälfte bis ein Drittel der ursprünglichen Menge bleibt im Tuch zurück.

Joghurt mit einer Spatula oder Küchenspachtel gründlich von Musselintuch entfernen und in eine Schüssel geben.

Die Safranfäden im Steinmörser zermahlen und mit einem Löffel ins Dickjoghurt geben. Geriebene Orangenschale und Rohrzucker dazugeben und mit einem Schneebesen alles verrühren.

Pflaumen-Zitronen-Kardamom-Blechkuchen

Zutaten:

20 Stück Pflaumen, gewaschen, entsteint und halbiert

1 Becher Vollkornmehl – Dinkel oder Weizen

1 Becher Mehl Typ 700

⅓ Becher geschmolzene Butter

¾ Becher Vollrohrzucker

1 Prise Salz

½ Packung Weinstein-Backpulver

1 Becher Milch und 2 EL Zitronensaft verrühren, bis dicke Sauermilch entsteht

1 EL Sojamehl

geriebene Schale von 1 Biozitrone

½ TL Kurkuma

½ TL Kardamom

1 Packung Vanillinzucker

3 EL Brombeer- oder Johannisbeermarmelade

Zubereitung:

In einer Schüssel Sauermilch, geschmolzene Butter, Sojamehl, eine Prise Salz, Vollrohrzucker, Vanillinzucker, Kurkuma, Zitronenschale und Kardamom verrühren. Der Zucker muss sich dabei auflösen.

Backrohr auf Ober- und Unterhitze stellen und auf 220 °C aufheizen.

Mehl und Weinstein-Backpulver dazurühren (kurz und kräftig). Die dicke Masse sollte klumpenfrei sein.

Eine Tortenform mit Fett bestreichen und mit ein bisschen Mehl oder Grieß bestäuben. Die Biskuitmasse vorsichtig hineingießen und mit einer Küchenspachtel gleichmäßig verteilen. Dabei den Tortenboden nicht berühren, sonst verbrennt der Kuchen.

Halbierte Pflaumen vorsichtig darauflegen.

Ins heiße Backrohr schieben und 10 Minuten bei 220 °C backen. Dann auf 180–190 °C zurückschalten und weitere 15–20 Minuten backen.

Brombeermarmelade mit 4 EL Wasser in einem kleinen Topf aufkochen, glatt verrühren und über den noch heißen Kuchen ausgießen. So glänzt der Kuchen attraktiv und die Pflaumen schauen noch am nächsten Tag frisch aus.

Mindestens 2 Stunden ruhen lassen.

Schoko-Nuss-Kirsch-Kugeln

Zutaten:

2 Becher Vollkornmehl –
Dinkel oder Weizen

⅓ Becher Sonnenblumenöl

¾ Becher Vollrohrzucker

1 Prise Salz

⅔ Packungen Weinstein-Backpulver

1 Becher Milch und
2 EL Zitronensaft verrühren,
bis dicke Sauermilch entsteht

1 EL Sojamehl

4 EL Kakao oder Carob

1 Packung Vanillinzucker

½ TL Kurkuma

3 EL Kirschmarmelade

2 Fläschchen Rumaroma

150 g geriebene Walnüsse

Zubereitung:

In einer Schüssel Sauermilch, geschmolzene Butter, Sojamehl, eine Prise Salz, Vollrohrzucker, Vanillinzucker, Kurkuma, Nelkenpulver, Zimt und Kakao gut miteinander verrühren. Der Zucker muss sich dabei auflösen. Beim Kakao aufpassen, dass sich keine Klumpen bilden. Am besten durch ein Sieb reiben.
Backrohr auf Ober- und Unterhitze stellen und auf 220 °C aufheizen.
Mehl und Weinstein-Backpulver dazurühren (kurz und kräftig). Die dicke Masse sollte klumpenfrei sein.
Eine Kuchenform mit Fett bestreichen und mit ein bisschen Mehl oder Grieß bestäuben. Die Biskuitmasse vorsichtig hineingießen und mit einer Küchenspachtel gleichmäßig verteilen. Dabei den Tortenboden nicht rühren, sonst verbrennt der Kuchen.

Ins heiße Backrohr schieben und 10 Minuten beim 220 °C backen. Dann auf 180–190 °C zurückschalten und weitere 15–20 Minuten backen.
Den Kuchen 20 Minuten auskühlen lassen, dann aus der Form nehmen und in eine Plastikschüssel geben. Biskuit mit den Fingern zerbröseln, Kirschmarmelade und Rumaroma dazugeben und gut verrühren.
Kugeln aus der Masse formen und in geriebenen Walnüssen wälzen.

Die Kugeln halten sich 3 Tage im Kühlschrank.

Apfel-Topfen-Pie

Teig:

250 g Biobutter

270 g Mehl (am besten Vollkorn)

1 Prise Salz

1 Packung Vanillinzucker

Apfelfüllung:

1 ½ kg geschälte und geraspelte Äpfel

4–5 EL Rohrzucker

1 EL Zimtpulver

Topfenfüllung:

250 g Biotopfen

1 EL Maisstärke
(Maizena oder Puddingpulver)

100 ml Schlagsahne

1 Vanillinzucker

½ TL Kurkuma

1 Schale einer Biozitrone

3 EL Rohrzucker

Zubereitung:

Alle Teigzutaten gut kneten, bis ein Keksteig entsteht. Die Hälfte in einer Back-form verteilen und 10 Minuten bei 200 °C backen.
Die Apfelfüllung darauf geben.
Für die Topfenfüllung alle Zutaten klumpfrei vermengen und auf Apfelfüllung mit einem Esslöffel gleichmäßig verteilen. Die zweite Hälfte des Mürbteiges darauf streuseln.

Mit Sonnenblumenkernen oder Sesam bestreuen und weitere 40 Minuten bei 180 °C backen.

Mandel-Reis-Kardamom-Pudding

Zutaten:

*50 g Mandeln,
geschält und gemahlen*

*3 EL Basmatireis, fein gemahlen
(am besten in Kaffeemühle)*

4 EL Rohrzucker

*400 ml Milch oder
250 ml Kokosmilch und
150 ml Wasser*

½ TL Kardamompulver

Zubereitung:

Zucker karamellisieren lassen, Milch darauf gießen und so lange köcheln lassen, bis sich der Zucker aufgelöst hat.
Inzwischen gemahlene Mandeln, Reis und Kardamom mit ein bisschen Milch verrühren und zur Karamellmilch geben.
Unter ständigem Rühren 5–10 Minuten köcheln und etwas andicken lassen.

In Dessertschälchen füllen.

Getränke

❊ Wärmend im Winter – Erfrischend im Sommer ❊

13. Getränke

⚜ Wärmend im Winter – Erfrischend im Sommer ⚜

Nach Ayurveda ist es optimal, während des Essens eine kleine Tasse warmes Wasser, Kräutertee oder stark verdünntes Lassi zu trinken.

Eiskalte Getränke oder Milch sollte man beim Essen vermeiden, da sie die Magensäfte stark verdünnen und so die Verdauung stoppen.

Ein Chai oder Yogi-Tee, auf traditionelle Weise mit Milch, ergibt mit einem Stück Kuchen am Nachmittag eine kleine Stärkung. Mandelmilch eignet sich hervorragend als Frühstücksgetränk. Ingwer-Orangen-Tee ist ideal für zwischendurch, heiße Gewürzmilch beruhigt uns am Abend.

Fruchtige Kokosmilch

Zutaten:

500 ml Kokosmilch

1 l Ananassaft

1 EL Ahornsirup

Zubereitung:

Alle Zutaten mit einem Mixer schaumig verquirlen.

Erfrischendes Ingwer-Apfel-Getränk

Zutaten:

ein 5 cm großes Stück Ingwer, fein gerieben

400 ml Apfelsaft, naturtrüb

½ Limette, ausgepresst

Zubereitung:

500 ml Wasser aufkochen und geriebenen Ingwer hineingeben.
Circa 5 Minuten köcheln lassen. Abseihen und auskühlen lassen.
In einer Kanne Apfelsaft, Limettensaft und Ingwerwasser zusammenmischen und kalt stellen.

Limetten-Rosen-Getränk

Zutaten:

2 Limetten, ausgepresst

1 Schuss Rosenwasser (20 ml)

2 EL Rohrzucker oder Ahornsirup

Wasser

Zubereitung:

Alle Zutaten in eine Kanne geben und gut verquirlen.

Safran-Limonade

Zutaten:

10 Safranfäden

2 Zitronen, ausgepresst

2 EL Rohrzucker

1 l Wasser

Zubereitung:

Safranfäden in einem Steinmörser zermahlen und mit einem Löffel in eine Glaskanne geben.
Alle andere Zutaten hineingeben und gut verquirlen.

Mandel-Milch

Zutaten:

100 g Mandeln, geschält

⅓ TL Kardamom, gemahlen

500 ml heißes Wasser

1 EL Honig

1 Schuss Rosenwasser

Zubereitung:

Mandeln mit heißem Wasser übergießen. Auskühlen lassen und in einem Mixer mit allen anderen Zutaten cremig rühren. Nach Belieben abseihen oder pur trinken.

Veda-Punch

Zutaten:

1 l Apfelsaft. naturtrüb

1–2 Fläschchen Rumaroma

1 TL frischer Ingwer, fein gerieben

4 Nelken, ganz

5 grüne Kardamomkapseln

1 Zimtstange

200 ml Wasser

Zubereitung:

200 ml Wasser aufkochen lassen. Ingwer, Nelken, Kardamom und Zimt hineingeben und ca. 10 Minuten köcheln lassen. Apfelsaft und Rumaroma dazugeben, heiß werden lassen und abseihen. Fertig!

Hausgemachter Yogitee – Chai

Zutaten:

1 l Wasser

2 Zimtstangen

5 Kardamomkapseln

4 Nelken

1 TL geriebener Ingwer

1 TL Rooibosh Tee

200 ml Milch

ein wenig Rohrzucker

Zubereitung:

Alle Zutaten außer Milch, Rooibosh und Zucker 20 Minuten lang köcheln lassen, bis sich die Flüssigkeit um ein Drittel oder um die Hälfte reduziert hat.
Rooibosh, Milch und Zucker dazugeben, einmal aufkochen lassen und abseihen.

Fertig!

Heisse Abendmilch mit Pistazien und Rosinen

Zutaten:

200 ml Milch

1 TL rohe Pistazien, ungesalzen

1 EL Rosinen, ungeschwefelt

1 Prise Muskatnuss

ein paar Tropfen Ghee
(kann entfallen)

Zubereitung:

Rosinen in 50 ml Wasser aufkochen und 2 Minuten köcheln lassen. Beiseite stellen.
Milch aufkochen lassen und mit allen anderen Zutaten und Rosinen mit einem Mixer cremig rühren.

Sofort servieren.

Ingwer-Orangen-Tee

Zutaten:

ein 5 cm großes Stück Ingwer,
gerieben

2 Orangen, ausgepresst

½ Zitrone, ausgepresst

1 l Wasser

2 EL Ahornsirup

Zubereitung:

Wasser zum Kochen bringen und geriebenen Ingwer hineingeben. Circa 3 Minuten kochen lassen.
Ingwertee abseihen, Orangen-, Zitronensaft und Ahornsirup dazugeben.
Honig eignet sich bei diesem Tee nicht zum Süßen, da man Honig nicht über 45 °C erwärmen darf.

Veda-Cola mit Tamarinde

Zutaten:

2 EL Tamarindenpaste

⅓ TL Süßholzpulver

80 g Rohrzucker

900 ml Wasser oder Sodawasser

Zubereitung:

Alle Zutaten in eine Kanne geben und gut verquirlen.

Mango-Lassi

Zutaten:

250 ml Biojoghurt

300 ml Wasser

100 ml Mangopulp oder
eine Mango, püriert

1 EL Rohrzucker oder Honig

1 Schuss Rosenwasser

½ TL Kardamompulver

Zubereitung:

Sämtliche Zutaten mit einem
Schneebesen oder Mixer verquirlen, bis die Oberfläche der Lassi
schaumig wird.

Fertig!

Salziger Lassi mit Minze

Zutaten:

10 Blätter frische Minze – oder
½ TL trockene Minze, gemahlen

250 ml Naturjoghurt

300 ml Wasser/Sodawasser

½ TL Salz

Zubereitung:

Minze waschen und fein hacken.
Mit allen anderen Zutaten in einem Mixer schaumig verquirlen.

Salziges Lassi-Getränk mit Kreuzkümmel

Zutaten:

250 ml Naturjoghurt oder Buttermilch

300 ml Wasser

1 TL Kreuzkümmelsamen

1 Zitrone, ausgepresst

½ TL Salz

1 Prise schwarzer Pfeffer

1 Prise Zucker

Zubereitung:

Kreuzkümmel in einer Pfanne trocken anrösten (ohne Fett), bis der Kreuzkümmel eine dunkelbraune Farbe bekommen hat und sehr aromatisch riecht. In einer Kaffeemaschine oder einem Steinmörser fein zermahlen.

Alle Zutaten mit einem Mixer verquirlen, bis das Getränk schaumig wird.

Zitronen-Honig-Getränk

stärkt die Verdauung und Lebertätigkeit
am besten frühmorgens genießen

Zutaten:

½ Zitrone, ausgepresst

250 ml warmes,
aber nicht heißes Wasser

1 TL Honig

½ TL Leinsamenschrot

Zubereitung:

Alles zusammenmischen und sofort trinken.

Glossar

GARAM MASALA

ist eine Gewürzmischung. **Garam** bedeutet „heiß" und **Masala** „Mischung". Es ist eine Mischung aus Koriander, Kreuzkümmel, schwarzem Pfeffer, Zimt, Nelken und Kardamom.

Man verwendet sie für verschiedene Eintöpfe. Garam Masala kann man fertig kaufen oder selber herstellen (s. Seite 48).

AJWAIN (SELLERIESAMEN)

ist ein Gewürz, verwandt mit Kümmel und Kreuzkümmel. Der Ajwain ist viel kleiner und hat einen schärferen Geschmack, deswegen sollte man mit Ajwain sparsam umgehen. Sehr gut für Linsengerichte oder Kartoffelfüllungen, wirkt stark gegen Blähungen.

ASAFÖTIDA

ist der Milchsaft einer fenchelähnlichen Pflanze. Den Saft lässt man trocknen und so entsteht eine harte Harzmasse, die man dann gemahlen kaufen kann. In der ayurvedischen Küche wird sehr viel mit Asafötida gearbeitet, da es wie Knoblauch schmeckt, aber nicht die schlechten Nebenwirkungen von Knoblauch hat. Asafötida ist stark verdauungsfördernd und blähungswidrig und eignet sich für alle salzigen Gerichte.

BOCKSHORNKLEESAMEN

sind ein Teil von Currypulver. Sie sind warm-gelblich und haben schön abgerundete Kanten. Sie werden ganz oder als Pulver für Gemüse und Linsengerichte verwendet. Man kann auch köstliche Sprossen aus Bockshorn machen. Weil sie angenehm bitter schmecken, unterstützen sie Leber und Milz und sind gut für die Haare.

CURRYBLÄTTER

haben nichts mit Currypulver zu tun. Es sind die jungen leuchtend grünen Blätter des Currybaumes. Sie sind hocharomatisch und müssen unbedingt angeröstet werden, so entfalten sie ihr Aroma am stärksten. Die Curryblätter kann man frisch oder getrocknet verwenden. Man würzt damit Reis, Gemüse, Linsen und salzige Chutneys.

FENCHELSAMEN

sind Anis ähnlich. Sie sind groß und grünlich und schmecken angenehm frisch und süß. Man verwendet sie für Linsengerichte, Eintöpfe und Dal-Bällchen.

DAL

ist der indische Name für alle Linsen, die geschält und gespalten sind. Es gibt Hunderte von Dal-Sorten aber die wichtigsten sind: Mung Dal, Chana Dal, Massar Dal, Toor Dal und Urad Dal. Dal-Linsen sind am bekömmlichsten, weil sie ohne Schale sind. So können sie besser verdaut werden. Dal ist eine gute Eiweißquelle für Vegetarier. Deshalb sollte man mindestens 3- bis 5-mal pro Woche ein Dal-Gericht essen.

GHEE

ist geklärte Butter oder Butterschmalz. Es gilt als das beste Fett. Deswegen kocht man in der ayurvedischen Küche hauptsächlich mit Ghee. Ghee ist das einzige Fett, das die Leber nicht belastet, sondern kräftigt (vorausgesetzt, in kleinen Mengen genossen). Es hebt den Geschmack der Speisen hervor und hilft die Nährstoffe besser zu absorbieren, da Ghee die Struktur der Lipidmembranen unserer Zellen hat. Unser Körper kann dadurch Vitamine und Mineralien besser aufnehmen.

Es ist Nerven- und Gehirnnahrung, hilft bei Hautkrankheiten, bindet Schlackenstoffe im Körper und leitet sie aus, hält die Gelenke geschmeidig und stärkt Gedächtnis und Intelligenz. Ghee ist ein guter Fänger freier Radikale und gilt deshalb als verjüngendes Mittel. Natürlich sollte man mit Ghee zurückhaltend umgehen, wie mit allen Fetten und Ölen. Ghee kann man in Bioqualität kaufen oder selber herstellen.

KARDAMOM

gibt es in zwei Sorten: grüner und schwarzer Kardamom. Schwarzer wird hauptsächlich für ayurvedische Medikamente und grüner zum Kochen verwendet. Die ganzen Kapseln kann man mit Reis kochen und zum Schluss abschöpfen. Für Chutneys und Süßspeisen braucht man nur die Kardamomsamen, die sich im Kapselinneren befinden. Kardamom kann man auch kauen. Er verleiht frischen Atem und stärkt die Verdauung.

KORIANDER

Koriandersamen werden in der ayurvedischen Küche oft verwendet. Es gibt kaum ein Gericht ohne Koriander. Koriander ist angenehm herb, süßlich und kühlend, gut für das Blut, gegen Hautkrankheiten und Entzündungen. Koriandersamen werden immer entweder im Mörser grob zerstoßen oder fein gemahlen gut angeröstet. Man verwendet Koriander in Getreide, Gemüse, Linsen, Bratlingen, Füllungen, Chutneys, Raitas und Tees.

Koriandergrün ist sehr aromatisch, man sollte damit sparsam umgehen. Wie alle anderen frischen Kräuter wird er erst zum Schluss zu den Speisen gegeben.

WEISSE MOHNSAMEN (POPPYSEEDS)

kommen hauptsächlich in Gemüsegerichten vor. Sie werden zu Pulver gemahlen und als nussiger Saucenbinder verwendet.

KALONJI (SCHWARZKÜMMEL)

werden fälschlicherweise als „Zwiebelsamen" bezeichnet. Kalonji hat einen scharfen thymianähnlichen Geruch und schmeckt angenehm frisch. Man würzt damit Linsen, Getreide (Brot) und Gemüsegerichte.

KICHERERBSENMEHL (GRAM FLOUR, BESAN)

Es wird aus kleinen gespaltenen Kichererbsen namens Chana Dal gemacht. Man verwendet das Mehl hauptsächlich für Konfekt, aber auch für Teigmäntel, Saucenbinder und pikante Palatschinken.

ROSENWASSER (GULAB JAL, KEWRA-WASSER)

In der ayurvedischen Küche verwendet man seit Jahrtausenden Rosenwasser für Süßigkeiten und Getränke. Es schmeckt erfrischend kühlend, und es ist sehr gut für Pitta und im Sommer.

TAHINA (SESAMPASTE)

Die Sesamsamen werden fein gemahlen, so entsteht „Tahina". Diese Paste verwendet man hauptsächlich für die Herstellung von „Humus-Kichererbsen-Aufstrich", aber auch für Saucen, Aufstriche und Salatdressings. Tahina ist reich an Kalzium und deswegen ein hervorragendes Mittel für Knochen und Haare.

STEINSALZ

Nach Ayurveda ist Steinsalz besser als Meersalz, weil Steinsalz neutral aufs Körpergewebe wirkt, nicht erhitzt und nicht so viel Wasser im Körper bindet wie Meersalz. Unraffiniertes Steinsalz enthält außerdem mehr Mineralien als Meersalz.

PANEER

Frischkäse, der aus geronnener Milch gewonnen wird. Man verwendet ihn für salzige und süße Speisen.

SUBJI

ist ein Gemüsegericht – ursprünglicher Name für Curry.

DOSHAS (VATA, PITTA UND KAPHA)

Die Bioenergien, die für sämtliche Funktionen im Körper verantwortlich sind. Vata steht für Bewegung, Nervensystem und Transport, Pitta für Verdauungsfeuer, Wärmehaushalt, Transformation und Nährstoffaufnahme und Kapha für Stabilität, Widerstandsfähigkeit gegen Krankheiten und guten Körperaufbau.
Je nachdem, in welchem Verhältnis diese drei Bioenergien in unserem Körper stehen, kann man die eigene Konstitution bestimmen.

PULAO (PILAW, STEW)

ist meistens ein Reis- oder Getreidegericht, gemischt mit Gemüse, Linsen oder Nüssen.

KITCHARI (REIS-DAL-GEMÜSE-EINTOPF)

Dieser Eintopf ist ein Ayurveda-Klassiker. Er ist preiswert, enthält alle lebensnotwendigen Nährstoffe und sättigt. Kitchari ist ein königliches Mahl, das sich auch ein armer Mensch leisten kann.

CHUTNEYS

sind besondere Obstkompotte. Sie sollen alle sechs Geschmacksrichtungen enthalten. Zuerst werden die Gewürze mit Ingwer und ein wenig Chili angeröstet, dann kommen die klein geschnittenen Früchte dazu. Alles kurz aufkochen und mit wenig Rohrzucker süßen. Sie passen zur Hauptspeise hervorragend als Sauce oder Dip und runden den Geschmack der Speisen ab.

RAITAS

sind kalte Gemüse-Salate mit Joghurt. Sie passen ausgezeichnet im Sommer und schmecken gut zu Bratlingen, Laibchen, Fladenbroten und Kitchari.

LASSIS

sind Getränke auf Joghurtbasis, stark mit Wasser verdünnt (1:2) und mit Aroma verfeinert. Am bekanntesten ist Mango-Lassi. Rosen-Lassi oder salziger Lassi mit Kreuzkümmel oder Pfefferminze schmecken ebenfalls gut. Lassi hat eine therapeutische Wirkung. Er fördert die Verdauung, stoppt Durchfall und heilt die Darmflora.

CHAI – YOGITEE

Der ursprüngliche Chai hat nichts mit schwarzem Tee zu tun. Er ist eine Mischung aus vier aromatischen Gewürzen: Zimt, Nelken, Kardamom und Ingwer. Diese Gewürze werden lange (20–30 Minuten) in Wasser gekocht, bis ca. $\frac{1}{3}$ des Wassers verdampft ist. Dann gibt man einen Schuss Milch hinein, und fertig ist der Yogitee. Zu empfehlen ist er im Winter, weil er angenehm wärmend und gleichzeitig beruhigend und nährend ist.

Die Rezepte

13. GETRÄNKE –
Wärmend im Winter – Erfrischend im Sommer

EIN HERZ FÜR AUTOREN A HEART FOR AUTHORS À L'ÉCOUTE DES AUTEURS MIA KAPΔIA ΓIA ΣΥΓΓΡΑ
FORFATTARE UN CORAZÓN POR LOS AUTORES YAZARLARIMIZA GÖNÜL VERELIM SZÍV
PER AUTORI ET HJERTE FOR FORFATTERE EEN HART VOOR SCHRIJVERS TEMOS OS AUTOR
SZERZOINKERT SERCE DLA AUTORÓW EIN HERZ FÜR AUTOREN A HEART FOR AUTHORS À L'ÉCOUTE
BCEЙ ДУШОЙ К АВТОРАМ ETT HJÄRTA FOR FORFATTERE À LA ESCUCHA DE LOS AUTORE
MIA KAPΔIA ΣΥΓΓΡΑΦΕΙΣ IN CUORE PER AUTORI ET HJERTE FOR FORFATTERE EEN HA
SZERZOINKERT SERCE DLA AUTORÓW EIN HERZ FÜR A
CORAÇÃO BCEЙ ДУШОЙ К АВТОРАМ ETT HJÄRTA FOR

Die Autorin

Sandra Hartmann, geboren 1973 in Kroatien, entdeckte bereits mit 16 Jahren ihr großes Interesse für Yoga und östliche Philosophie. Nach der Matura reiste sie sieben Jahre durch Europa, um in verschiedenen Yoga-Zentren ayurvedische Koch-kunst und Meditation zu lernen. In dieser Zeit war sie Chefköchin in mehreren Großküchen mit einer Verantwortung für über 100 Personen. Im Jahr 2000 kam sie nach Wien, wo sie in verschiedenen Lokalen als Chef-köchin arbeitete.

Von 2006 bis 2007 absolvierte sie eine Ausbildung zur Ernährungs- und Gesundheitsberaterin nach Ayurveda bei der Europäischen Akademie für Ayur-veda. Seit 2008 ist sie Geschäftsführerin der Fima „Rasayana", die Kochkurse, Ernährungsberatung und Catering nach Ayurveda anbietet.

Mehr Information finden Sie auf www.rasayana.at .

novum EIN HERZ FÜR AUTOREN

Der Verlag

Der im österreichischen Neckenmarkt beheimatete,
einzigartige und mehrfach prämierte Verlag konzent-
riert sich speziell auf die Gruppe der Erstautoren.
Die Bücher bilden ein breites Spektrum der aktuellen
Literaturszene ab und werden in den Ländern Deutsch-
land, Österreich, Schweiz und Ungarn publiziert.
Das Verlagsprogramm steht für aktuelle Entwicklungen
am Buchmarkt und spricht breite Leserschichten an.
Jedes Buch und jeder Autor werden herzlich von den
Verlagsmitarbeitern betreut und entwickelt.
Mit der Reihe „Schüler gestalten selbst ihr Buch" be-
treibt der Verlag eine erfolgreiche Lese- und Schreib-
förderung.

Manuskripte herzlich willkommen!

novum publishing gmbh
Rathausgasse 73 · A-7311 Neckenmarkt
Tel: +43 2610 43111 · Fax: +43 2610 43111 28
Internet: office@novumverlag.com · www.novumverlag.com

AUSTRIA · GERMANY · SWITZERLAND · HUNGARY